Hinrich Franke

Das Qualitäts-Management-System
nach DIN EN ISO 9001

Das Qualitäts-Management-System nach DIN EN ISO 9001

Hilfen zur Darlegung nach der neuen Fassung der ISO 9001:2000

Dr. Hinrich Franke

2., erweiterte Auflage

Bibliografische Information Der Deutschen Bibliothek

Die Deutsche Bibliothek verzeichnet diese Publikation
in der Deutschen Nationalbibliografie;
detaillierte bibliografische Daten sind im Internet über
http://dnb.ddb.de abrufbar.

Bibliographic Information published by Die Deutsche Bibliothek

Die Deutsche Bibliothek lists this Publication
in the Deutsche Nationalbibliografie;
detailed bibliographic data is available in the Internet at
http://dnb.ddb.de .

ISBN 3-8169-2504-9

2., erweiterte Auflage 2005
1. Auflage 2000

Bei der Erstellung des Buches wurde mit großer Sorgfalt vorgegangen; trotzdem können Fehler nicht
vollständig ausgeschlossen werden. Verlag und Autoren können für fehlerhafte Angaben und deren
Folgen weder eine juristische Verantwortung noch irgendeine Haftung übernehmen.
Für Verbesserungsvorschläge und Hinweise auf Fehler sind Verlag und Autoren dankbar.

© 2000 by expert verlag, Wankelstr. 13, D-71272 Renningen
Tel.: +49 (0) 71 59-92 65-0, Fax: +49 (0) 71 59-92 65-20
E-Mail: expert@expertverlag.de, Internet: www.expertverlag.de
Alle Rechte vorbehalten
Printed in Germany

Inhaltsverzeichnis

Einführung:
Der erfolgreiche Unsinn mit der ISO 9001

Es ist in Deutschland keine Benummerung einer Norm bekannter als die der DIN EN ISO 9001. Der Bekanntheitsgrad des Inhalts der Norm ist jedoch im Vergleich zu dem der Benummerung äußerst gering.

Es wird in Deutschland auch keine andere Norm geben, zu der so viel fragwürdige Literatur entstanden ist. Als Phänomen ist bemerkenswert, daß - von ganz wenigen Ausnahmen abgesehen - alle Autoren Ziel und Zweck der Darlegungsnorm ISO 9001 völlig verdrehen und den Inhalt, d.h. die Darlegungsforderungen, dem Leser vorenthalten.

Die Konsequenz ist, daß es wohl keine andere Norm gibt, mit der man in der Wirtschaft, in Verbänden und Kammern, an Hochschulen und Weiterbildungsinstituten so widersinnig und zweckwidrig, ja sogar skrupellos umgeht, wie mit der ISO 9001.

Der Unsinn mit der Norm und Richtigstellungen dazu werden im Hauptabschnitt 1 behandelt. Hier sollen nur Irreführungen mit ihren häufigen Folgen angesprochen werden:

* Immer wieder ist davon die Rede, „ein QM-System nach ISO 9001 einzuführen". Dadurch wird der Eindruck vermittelt, das QM-System sei in der ISO 9001 beschrieben.
  Wer den Normtext liest, wird enttäuscht sein, denn er wird in der Norm nirgends einen Hinweis finden, wie man ein QM-System nach ISO einführen könnte.

* Die ISO 9001 wird als Qualitätsnorm gehandelt. Deswegen muß jede Organisation, die überleben will, Qualität nach ISO produzieren.
  Wer den Normtext versucht zu lesen, um herauszufinden, wie man ISO-Qualität produzieren könnte, wird nach dem Studium nur weniger Seiten die Norm verärgert beiseite legen, denn die ISO 9001 hat mit der Qualität von Produkten so viel gemein wie ein lila Rindvieh mit Ostern.

* Auch die neue Ausgabe der ISO 9001 wird als besonders erfolgversprechendes Management-Instrument zur Unternehmensführung gepriesen. Es muß ein Wundermittel sein, denn man kann häufig den Erfolg im Unternehmen tatsächlich belegen!
  Wer den Normtext nach Hinweisen auf Erfolgsmethoden und ihre Anwendung durchsucht, wird auch hier nichts dazu finden und einigermaßen irritiert sein.

* Der ratsuchende Laie oder Anfänger in Sachen Qualitätsmanagement wird in der Fachliteratur und auf Weiterbildungsveranstaltungen häufig mit Phrasen und ungerechtfertigten Anpreisungen zur ISO vollgestopft und kann den Unsinn nicht erkennen, weil er die ISO nicht gelesen oder auch nicht verstanden hat.

Was den Unsinn betrifft, stellen sich zwangsläufig zwei Fragen:

* Können sich so viele Autoren und Dozenten so irren?

* Wie kann man aus Darlegungsforderungen der Norm derart vorzügliche Eigenschaften und Wirkungen herauslesen, die beim besten Willen und auch mit viel Phantasie dort nicht zu finden sind?

Die Antwort auf die erste Frage ist eindeutig: Ja, sie müssen sich irren oder phantasieren!

Die Antwort auf die zweite Frage ist unsicher, denn sie beruht auf zwei schlimmen Vermutungen:

1. Diese Autoren und Dozenten haben die ISO 9001 kaum gelesen und schon gar nicht verstanden.
2. Diese Autoren und Dozenten haben sich offensichtlich nicht ernsthaft mit Qualitätsmanagement auseinandergesetzt.

Was den Erfolg des Unsinns betrifft, drängt sich die dritte Frage auf:
Warum wird die ISO überall als Erfolgsgeschichte verbreitet?
Denn eines ist nicht zu bestreiten: Organisationen, die ihr QM-System nach den Forderungen der Norm dargelegt haben, können zumeist auf eine ganze Reihe beachtlicher Erfolge verweisen!

Die Antwort beruht wiederum auf Vermutungen: Es wurde aus nicht erklärbaren Gründen Ziel und Wirkung so verdreht, daß die Darlegungsnorm ISO 9001 zu einem Erfolgsrezept für schlecht organisierte Unternehmen umfunktioniert wurde, wie sich leicht zeigen läßt.

* Jede Organisation muß schon immer Qualitätsmanagement betrieben haben, sonst hätte sie bis heute nicht überlebt. Wenn sie sich jetzt mit der Darlegung des QM-Systems befaßt und sich auf die Zertifizierung vorbereitet, muß sie sich nicht nur zwangsläufig mit den Darlegungsforderungen der ISO 9001 auseinandersetzen, sondern auch eine wesentliche Bedingung erfüllen:
Sie muß qualitätsfähige Prozesse organisieren, denn Schwachstellen lassen sich nur schwer zertifizieren.
Der oft meßbare Erfolg, der unsinnigerweise auf die „Einführung eines QM-Systems nach ISO 9001" zurückgeführt wird, ist meist alleine mit der systematischen Verbesserung der Prozesse zu erklären.

* Bei der Beschäftigung mit Schwachstellen wird man feststellen, daß die Fehlerkosten in der Größenordnung des Gewinns vor Steuern anfallen oder daß sie etwa 30% vom Umsatz ausmachen. Diese Erkenntnis ist für viele Geschäftsleitungen so bedeutsam, daß die wichtigsten Prozesse umgehend verbessert werden und die Organisation damit profitabler funktioniert.
Auch hier beruht der Erfolg auf dem Bemühen, die Prozesse effizienter und effektiver zu machen. Die ISO ist dabei weder Methode noch Werkzeug.
Der Norm nach soll dargelegt werden, was man plant und verwirklicht, um Qualität zu erzielen und um Qualitätsmanagement effizienter zu machen. Die Behauptung oder Anpreisung, die ISO 9001 sei ein hervorragendes Führungsinstrument zur Verbesserung von Prozessen, ist somit auch hier blanker Unsinn! Aber ein erfolgreicher.

* Es gibt aber auch noch weitere Erfolge zu vermelden:
Unter den Annahmen, daß eine Zertifizierung im Durchschnitt DM 20.000 kostet und daß 1994 bis 2001 insgesamt 90.000 Unternehmen zertifiziert und rezertifiziert wurden, kann man von einem Umsatz der Zertifizierer von etwa 14 Milliarden Deutsche Mark ausgehen. Finanzi-

ell ist das doch ein schöner Erfolg, für die Zertifizierer. Und die Berater, manchmal eher Scharlatane, sind dabei auch ganz gut gefahren.

Ärgerlich ist für die Wirtschaft, daß die Organisationen zur Zukunftssicherung durch systematisches Qualitätsmanagement über viel zu kostspielige ISO-Umwege gezwungen werden. Ärgerlich ist das, weil Industrie und Handwerk in Deutschland Wissen und Methoden zum Qualitätsmanagement schon vor mindestens 30 Jahren hätten nutzen können. Aber damals hat „Qualitätskontrolle" nach Meinung der meisten Unternehmensleitungen ausgereicht. Nun humpelt man den Zertifizierern mit fragwürdigen Begründungen hinterher und hofft, daß die Einführung eines QM-Systems nach DIN EN ISO 9001 die erfolgbringende Strategie für die Zukunft ist.

Und wenn das nichts nützt, versuchen wir es mit SPC und Six-Sigma. Das sind zwar „olle Kamellen" - die Grundlagen dazu wurden schon 1922 von Karl Daeves entwickelt - aber nun sind sie neu und schön verpackt. Das muß zum Erfolg führen!

Oder nehmen wir QFD, Benchmarking oder irgendwelche Management-Philosophien, die kaum jemand verständlich erklären kann. Traurig macht in all dem Management-Gewusel, daß man heute kaum mehr zwischen politischen Schwätzern und seriösen Fachleuten unterscheiden kann.

Dieses Buch hat zum Ziel, jenen in der Praxis zu helfen, denen von ihren Chefs mal eben die Funktion des Qualitätsmanagement-Beauftragten oktroyiert wurde und die Aufgabe, „ein Handbuch zu schreiben".

Sie dürfen vielleicht einen Kurzlehrgang bei der IHK besuchen und sollen dann die gesamte QM-Dokumentation erarbeiten und im Unternehmen verwirklichen.

Bravo, so einfach geht das! Damit das Vorhaben gelingen kann, rate ich den QM-Beauftragten, von der Geschäftsleitung und allen Führungskräften zu verlangen, zumindest die Einleitung zu diesem Buch und die Hauptabschnitte 1 und 2 mit dem Willen zu lesen, das dort Geschriebene auch zu verstehen. Oder haben sie wieder mal keine Zeit?

Im nachfolgenden Hauptabschnitt 1 versuche ich zu erklären und zu begründen, warum es das vielzitierte QM-System nach ISO 9001 nicht geben kann.

Dennoch habe ich mir den werbewirksamen Unsinn vom QM-System nach ISO zunutze gemacht und diesem Buch diesen irreführenden Titel gegeben.

Deswegen bitte ich den Leser um Nachsicht! Schließlich war mein Ziel gegenüber Schönrednern schon immer frivole Provokation.

Hinrich Franke

1. Das QM-System nach DIN EN ISO 9001 einführen?

•

1.1 Die neue Norm?

Die DIN EN ISO Normenfamilie der Reihe 9000 bis 9004 aus dem Jahr 1994 wurde einer Langzeit-Revision unterzogen, deren Ergebnis noch im Dezember 2000 in großer Hast veröffentlicht wurde. Damit verbleiben für die nächsten Jahre nur noch DIN EN ISO

* 9000, Grundlagen und Begriffe,
* 9001, Forderungen (an die Darlegung von QM-Systemen),
* 9004, Leitfaden zur Leistungsverbesserung (von QM-Systemen).

Für die Darlegung und Zertifizierung von QM-Systemen kommt nun nur noch ISO 9001 in Betracht.

Sie wird vielfach als neue Norm bezeichnet, ist jedoch nur eine neue Ausgabe, wenn auch schlimm zerbessert.

1.2 Das Qualitätsmanagementsystem nach DIN EN ISO einführen oder anpassen?

Den Eindruck, man sollte unbedingt „ein Qualitätsmanagementsystem nach ISO 9000 einführen", weil dieses System großartige Vorteile biete, werden die Zertifizierer, viele Berater und noch mehr „Qualitätsspezialisten" weiterhin durch intensives Plappern in Fachzeitschriften und Verbandsorganen verstärken.

Darüber hinaus weisen gerade Zertifizierer und Berater darauf hin, daß nach der alten Norm bestehende QM-Systeme der neuen Norm bis spätestens 2003 angepaßt sein müssen und daß man bei der Anpassung fachmännische Hilfe leisten könne.

Das alles ist grob fahrlässig angepriesener Unsinn, wenn auch sehr erfolgreicher, weil sich damit im Jahr auf dem Gebiet der Qualitätsmanagement-Zertifizierung, vorsichtig geschätzt, von Zertifizierern und Beratern ein Umsatz von ein bis zwei Milliarden Euro erzielen läßt.

Die Gründe:
Es gibt kein Qualitätsmanagement-System nach DIN oder ISO! Auch wenn z.b. auf den meisten Zertifikaten zu lesen steht: „Wir bestätigen der Firma XY, ein Qualitätsmanagement-System nach DIN EN ISO 9001 eingeführt zu haben und aufrecht zu erhalten."

Es gibt kein Qualitätsmanagement-System nach DIN oder ISO, weil Qualitätsmanagement-Systeme nicht genormt werden können: „Ein universell geeignetes Qualitätsmanagement-System kann es ... nicht geben; folglich kann man ein solches System auch nicht normen", so ISO 9001 im nationalen Vorwort der Ausgabe 1994.

Ebenso wenig kann man ein Qualitätsmanagement-System einführen, wie beispielsweise ein Kostenrechnungssystem, denn ein QM-System ist ein völlig abstrakter Begriff wie beispielsweise Kundenzufriedenheit.

Man kann das QM-System für ein zuvor bestimmtes Unternehmen, jetzt als Organisation bezeichnet, meist nur mit viel Mühe systematisch aufbauen und es z.B. nach ISO 9001 darlegen, aber nicht einführen.

Genauso irreführend, weil unsinnig, ist die Forderung nach Anpassung eines schon bestehenden QM-Systems an die neue Norm.

Was ist anzupassen? Die Darlegung des unternehmens- oder organisationsspezifischen QM-Systems ist den geänderten Darlegungsforderungen der neuen Ausgabe der DIN EN ISO 9001 anzupassen, und nicht das QM-System! Anzupassen ist aber auch nur dann, wenn man erneut die Zertifizierung anstrebt.

1.3 Klarstellungen

Aus vielen Formulierungen der Norm könnte man schließen, es gäbe doch ein QM-System nach ISO, weil dort häufig Forderungen unmittelbar an das QM-System gestellt würden.

Auch das ist irreführend, denn die ISO 9001 enthält nicht eine einzige konkrete Forderung an das QM-System, sondern ausschließlich Darlegungsforderungen für das einzelne schon realisierte und noch zu vervollständigende unternehmensspezifische QM-System, um beim Kunden Vertrauen zu erzeugen.

Ab Hauptabschnitt 4 beginnen die meisten Kapitel (4.1, 4.2, ... 8.5) mit „Die oberste Leitung muß ..." dort genannte Tätigkeiten planen, verwirklichen und lenken. Oder es heißt „Die Organisation muß ..." eine bestimmte Maßnahme planen, verwirklichen und lenken.

Diese Formulierungen führen direkt zu der Frage: Sind das Forderungen der Norm an das QM-System?

Die Antwort ist ein klares Nein! Denn es sind Forderungen der Norm an die Organisation, das verwirklichte QM-System darzulegen!

Die Forderungen der Norm richten sich also nicht an das QM-System, sondern an die Darlegung des funktionsfähigen QM-Systems der Organisation, denn die DIN EN ISO 9001 ist nur für Darlegungszwecke vorgesehen, um Vertrauen in die Fähigkeit der Organisation zu schaffen und nicht für den Aufbau eines QM-Systems geschaffen.

Schließlich darf man nicht übersehen, daß die letzte Ausgabe der Norm von 1994 bis zur Revision 2000 „QM-Darlegung" im Titel enthielt. Das bedeutet:

> Immer, wenn in der Norm gefordert wird „die Organisation muß...", dann ist darzulegen, wie die Organisation die Forderung erfüllt.

Ein typisches Beispiel hierzu findet man in Kapitel 7.1 der Norm: „Die Organisation muß die Prozesse planen und entwickeln, die für die Produktrealisierung erforderlich sind."

Das bedeutet für die Dokumentation: Tatsächlich schreibt die Norm hier nicht vor, die Prozesse zu planen und zu entwickeln, sondern sie fordert darzulegen, wie die Prozesse geplant und entwickelt werden.

1.4 Die ISO 9001 prozeßorientiert?

Immer wieder ist von der Prozeßorientierung der Norm die Rede.

Es stellt sich daher die Frage, ob eine Norm, die Darlegungsforderungen an QM-Systeme, also Forderungen an die Dokumentation enthält, prozeßorientiert sein kann.

Wenn man unter Orientierung Ausrichtung oder Zielen versteht, dann kann die ISO 9001 allenfalls systemorientiert sein, weil die Darlegungsforderungen auf QM-Systeme zielen.

So ist denn auch im Kapitel 0.2 der Norm ausgeführt: „Diese internationale Norm fördert die Wahl eines prozeßorientierten Ansatzes für die Entwicklung, Verwirklichung und Verbesserung der Wirksamkeit eines QM-Systems, um die Kundenzufriedenheit durch die Erfüllung der Kundenanforderungen zu erhöhen".

Mit anderen Worten:

Der prozeßorientierte Ansatz gilt nicht für die Norm, sondern für die Entwicklung und Verwirklichung des QM-Systems!

Außerdem ist noch im Kapitel 0.2 erläutert: „Die Anwendung eines Systems von Prozessen in einer Organisation, gepaart mit dem Erkennen und den Wechselwirkungen dieser Prozesse, sowie deren Management, kann als prozeßorientierter Ansatz bezeichnet werden". Der prozeßorientierte Ansatz bezieht sich demnach nicht auf die Norm, sondern eindeutig auf das QM-System einer Organisation...

Prozeßorientierung von QM-Systemen ist für QM-Fachleute schon seit den 70er Jahren des vorigen Jahrhunderts selbstverständlich. Aber Prozeßorientierung der Darlegungsnorm ISO 9001 ist als Beschaffenheitsmerkmal Nonsens, etwa wie quadratischer Geschmack einer Schokoladen-Marke.

Die angebliche Prozeßorientierung der Norm könnte hier unbeachtet bleiben, wenn es nicht den „prozeßorientierten Ansatz zur Verbesserung der Wirksamkeit des QM-Systems" gäbe und die ISO 9004, Ausgabe 2000 mit dem Untertitel „Leitfaden zu Leistungsverbesserung" von QM-Systemen.

Die Mehrzahl der Auditoren akkreditierter Zertifizierungsstellen geht nämlich davon aus, daß die Norm prozeßorientiert ist und fordert infolgedessen, jede Tätigkeit im Unternehmen als Prozeß darzustellen und Kennzahlen der Effizienz dieser Prozesse nachzuweisen.

Falls keine Kennzahlen vorgelegt werden können, ist das QM-System nicht „normkonform" und kann deswegen nicht zertifiziert werden!

Damit entstehen für die Zertifizierung von QM-Systemen zwei Grundprobleme, die geklärt werden müssen:

1. Was ist ein normkonformes QM-System?
2. Sind Kennzahlen von Prozessen zertifizierungsrelevant oder konkreter: Fordert ISO 9001 Kennzahlen der Effizienz und Effektivität von Prozessen?

Das normkonforme QM-System

Wie schon zuvor (1.3) klargestellt: ISO 9001 enthält nicht eine einzige konkrete Forderung an QM-Systeme, nicht eine Forderung an die Beschaffenheit oder Gestaltung von QM-Systemen, sondern ausschließlich Darlegungsforderungen an unternehmensspezifische QM-Systeme.

So heißt es in Kapitel 0.3 zum Ziel der Norm: „ISO 9001 legt Anforderungen an ein QM-System fest, welche für interne Anwendungen durch Organisationen oder für Zertifizierungs- oder Vertragszwecke verwendet werden können. ISO 9001 ist auf die Wirksamkeit des QM-Systems bei der Erfüllung der Kundenanforderungen gerichtet."

Damit ist zum ersten Problem festzuhalten:

Ein QM-System kann nicht normkonform sein, weil keine Norm existiert, in der seine Beschaffenheit beschrieben ist.

Normkonform kann nur die Darlegung des QM-Systems sein! Und bei der Zertifizierung kann es daher nur um die Beurteilung gehen, inwieweit die

Darlegungsforderungen der Norm durch die Darlegung des unternehmensspezifischen QM-Systems erfüllt sind.

Ob das auch die Auditoren wissen, ist zu bezweifeln. Im Gegenteil: Sie werden weiterhin unternehmensspezifische QM-Systeme als nicht normkonforme QM-Systeme beurteilen. Und das als Angehörige Benannter Stellen!

Kennzahlen von Prozessen

Kennzahlen für die Effizienz von QM-Prozessen sind zur Beurteilung der Verbesserungen durch quantitativ bestimmte Meßverfahren sehr zweckmäßig. Sie gehören daher auch wie viele Werkzeuge, Methoden und Hilfsmittel, seit vielen Jahrzehnten zum Instrumentarium des Qualitätsmanagements.

Dennoch findet man in ISO 9001 nicht eine konkrete Forderung nach Kennzahlen von Prozessen. Was mit Kapitel 0.3 der Norm zu erklären ist: „ISO 9001 ist auf die Wirksamkeit des QM-Systems bei der Erfüllung der Kundenanforderungen gerichtet".

Diesem Hinweis nach ist darzulegen, wie das System funktioniert, um Kundenforderungen zu erfüllen. Denn das Ziel von ISO 9001 ist, beim Kunden Vertrauen zu schaffen , daß seine Forderungen erfüllt werden.

„... für einen Vergleich zu ISO 9001 erweiterten Bereich von Zielen eines QM-Systems, um insbesondere die Gesamtleistung, Effizienz und Wirksamkeit einer Organisation ständig zu verbessern", gibt ISO 9004, Leitfaden zur Leistungsverbesserung, Anleitungen, wie man im Kapitel 0.3 nachlesen kann: „ISO 9004 wird als Leitfaden für Organisationen empfohlen, deren oberste Leitung beim Streben nach ständiger Leistung verbesserung über die Anforderungen von ISO 9001 hinausgehen will. ISO 9004 ist jedoch nicht für Zertifizierungs- und Vertragszwecke vorgesehen".

Damit ist zum zweiten Problem festzuhalten:

So zweckmäßig die Beurteilung der Leistungsverbesserung von QM-Prozessen durch Kennzahlen im Einzelfall sein mag, sie zählt nicht zu den Darlegungsforderungen nach ISO 9001.

Daraus ist zu schließen, daß z.B. Kennzahlen der Leistungsverbesserung von QM-Prozessen von den Auditoren für die Zertifizierung nicht als zertifizierungsrelevante Bedingung gefordert werden können. Gerade das wäre sonst nicht normkonform.

1.5 Und dennoch: Ein Plädoyer für die ISO 9001 und die Zertifizierung

Nach so viel Kritik wird sich mancher Leser fragen: Sollen wir uns das antun und unser Unternehmen nach ISO 9001 darlegen und zertifizieren lassen? Was bringt uns das Zertifikat außer Kosten?

Seit etwa 1976 geht es in Fachkreisen nicht mehr alleine um die Produktqualität, sondern um die Fähigkeit der Unternehmen, Kunden zufriedenzustellen, wobei man zur Kundenzufriedenheit im allgemeinen folgende Aspekte zählt:

1. Qualität der Angebotsprodukte
2. Termintreue
3. Flexibilität bei Kundenproblemen
4. Effiziente Prozesse
5. Ein effektives QM-System
6. Angemessene Preise
7. Kundenberatung/Kundenbetreuung

Die Kunden wollen darauf vertrauen können, daß die zuliefernden Produzenten und Dienstleister alle qualitätsbezogenen Tätigkeiten in ihren unternehmensspezifischen QM-Systemen so organisieren, daß sie fähig sind, die Kunden hinsichtlich der sieben zuvor genannten Aspekte zufriedenzustellen.

Wie aber will man die Fähigkeit der Produzenten und Dienstleister zutreffend beurteilen? Welche anerkannten und geeigneten Kriterien sollte man zur Beurteilung der Vertrauenswürdigkeit von Organisationen heranziehen?

Genau diese Fragen lassen sich mit der ISO 9001 beantworten, denn diese Norm zeigt einen Weg zur Schaffung von Vertrauen in die Fähigkeit der Produzenten und Dienstleister.

Denn es gilt definitionsgemäß:

Die in der ISO 9001 festgelegten Forderungen sind Grundlage für Zertifizierungsaudits, also für systematische und unabhängige Untersuchungen, um festzustellen, ob auch die auf die Kundenzufriedenheit bezogenen Tätigkeiten und damit zusammenhängende Ergebnisse den geplanten Anordnungen entsprechen, und ob diese Anordnungen tatsächlich verwirklicht und geeignet sind, die Ziele zu erreichen.

Damit bietet ISO 9001 mit den Darlegungsforderungen den international vereinbarten Maßstab für die Beurteilung der Vertrauenswürdigkeit und die Qualifikation der Organisation durch eine autorisierte Stelle.

Mit der Bestätigung einer autorisierten Stelle, ein nach ISO 9001 dargelegtes QM-System geschaffen zu haben und zu unterhalten, wird dem auditierten Unternehmen die Fähigkeit bescheinigt, Kunden zufriedenstellen zu können.

Für Produzenten, die nach Europäischem Recht das CE-Zeichen an ihren Produkten anbringen müssen, ist die Zertifizierung auf Basis der ISO 9001 grundsätzlich erforderlich, also Pflicht.

In allen anderen Fällen ist die Zertifizierung formale Voraussetzung für die Zusammenarbeit von Auftraggebern und Auftragnehmern, zwischen Kunden und zuliefernden Produzenten oder Dienstleistern, insbesondere wenn sie neue Geschäftsbeziehungen aufbauen wollen.

Vor allem in engen Märkten dürfen die Zertifizierten damit rechnen, bei der Auftragsvergabe bevorzugt zu werden. Bei der Vergabe öffentlicher Aufträge sind die Nichtzertifizierten sogar chancenlos.

Über das vordergründige Ziel hinaus, das Zertifikat als Fähigkeitsnachweis zu erwerben, muß man die veritablen Effekte im Hintergrund erkennen, die jene Organisationen erzielt haben, die sich auf die Zertifizierung so sorgfältig und so umfassend vorbereitet haben, daß sie ihr

QM-System tatsächlich ganz wesentlich bezüglich Effektivität und Effizienz verbessern konnten.

Sie haben das erreicht, in dem sie die allgemeinen Darlegungsforderungen der Norm in effektive Maßnahmen des unternehmensspezifischen QM-Systems transponierten, um die Prozesse auch zum eigenen Nutzen effizienter zu machen.

Dazu haben sie sich einige Zwänge auferlegt, von denen hier nur die bedeutsamsten genannt werden:

1. Der Zwang, die Organisation für die Zukunft „fit" zu machen, durch Aufbau eines effektiven QM-Systems mit effizienten Prozessen und deren ständiger Bewertung.

2. Der Zwang, die von der Norm geforderte Darlegung von Verbesserungen im QM-System ständig und systematisch zu planen, zu realisieren, zu bewerten und immer wieder zu verbessern.

3. Der Zwang, sich immer wieder mit Fehlern und Schwachstellen und den horrenden Verschwendungen zu beschäftigen, um die Ursachen dafür auf Dauer zu beseitigen.

Von Zwang ist in der Norm zwar keine Rede, doch erzwingen die Darlegungsforderungen der ISO 9001 und das zur Zertifizierung erforderliche Qualitätsaudit Mühen und Vorkehrungen, die die Organisationsleitungen ohne das Ziel der Zertifizierung kaum auf sich nehmen würden.

Die Zertizierung bedeutet beim Punkt 1, sich mit knapp 60 Einzelthemen auseinandersetzen zu müssen, die man sonst gerne wegen der ständigen Tagesprobleme verdrängt hätte. Die Führungskräfte müssen sich nun zwangsläufig der Einzelprobleme annehmen und zeigen, wie sie sie und mit welchem Ergebnis gelöst haben.

Gleiches gilt für Punkt 2: Die Forderung, den Erfolg ständiger Verbesserungen darzulegen bedingt, daß man sich um ständige Verbesserungen erfolgreich bemüht hat.

Bei Punkt 3 sollte beachtet werden: Sorgfältige Analysen im Zusammenhang mit den Vorbereitungen zur Zertifizierung werden zeigen, daß die Fehlerkosten etwa in der Größenordnung des Gewinns vor Steuern und Zinsen liegen oder auf den Umsatz bezogen, bis zu 30% betragen können, was wiederum bedeutet, daß von 1.000€ Umsatz oftmals 300€ und mehr sinnlos vergeudet werden.

Die Analysen werden auch eine seit Jahren unter Fachleuten bekannte Erfahrung bestätigen, daß in mittelständischen Organisationen bis zu 60% der Arbeitszeit unproduktiv verschwendet werden. Damit ist im Mittel jeder Mitarbeiter bis zu 130 Arbeitstage lang in ineffizienten Prozessen tätig!

Die Ursachen dieser Unproduktivität sind bemerkenswerterweise:
* mangelnde Planung und Steuerung
* mangelnde direkte Kommunikation und EDV-Probleme
* mangelnde Führung und Überwachung
* mangelnde Arbeitsmoral und Motivation
* mangelnde Qualifikation

Zu den fünf Hauptursachen, die alle miteinander in Wechselbeziehungen stehen, findet man ohne langes Suchen ausführliche Darlegungs-forderungen in der ISO 9001, was besagt:
Wer die Zertifizierung anstrebt und sein Unternehmen sorgfältig und nachhaltig darauf vorbereiten will, stößt zwangsläufig auf erhebliche Verbesserungspotentiale, die er ohne ISO-Zwänge mit hoher Wahrscheinlichkeit nicht erkannt hätte.

Auch wenn vielfach diese dramatischen Zahlen der Fehlerkosten und Unproduktivität für die eigene Organisation kaum als zutreffend betrachtet werden, so möge man doch einmal seine natürlich viel günstigeren Verhältnisse bei nur 15 Prozent unproduktiver Arbeitszeit oder bei Fehlerkosten, die bei nur 15% vom Umsatz liegen, in absoluten Beträgen ausrechnen, um zu zeigen, was hier wirklich vergeudet wird, jeden Monat und jedes Jahr!

Wer die Zertifizierung auch als Programm zur dauerhaften Verbesserung der Prozesse in seiner Organisation sieht, kann auf eine ebenso dauerhafte Verbesserung der Erträge bauen. Hier gibt es Beispiele von 20 bis 30 Prozent Steigerungen innerhalb von weniger als zwei Geschäftsjahren.

Nun war bisher oft von Organisationen die Rede. Mit diesem international genormten Begriff sind Unternehmen jeder Art und Größe gemeint, also Großkonzerne wie Handwerksbetriebe, aber auch Kliniken, Arztpraxen und Kindergärten und genauso Behörden und öffentliche Institutionen.

Gerade bei Behörden, die sich inzwischen auch vereinzelt zertifizieren lassen, mag sich mancher nach Sinn und Zweck der Übung fragen! Auch hier läßt sich ohne irgendeine Einschränkung oder Ausnahme konstatieren:

Es wäre geradezu ein Quantensprung des Behördentums, wenn Behörden die Kundenzufriedenheit der Bürger, die Effektivität ihrer Funktionen und die Effizienz ihrer Prozesse entdecken würden oder gar die Steigerung der Zufriedenheit der Bürger und die ständige Verbesserung der Prozesse in und zwischen den Behörden zum Ziel erklären würden. Nicht auszudenken!!! Behörden und Kundenzufriedenheit? Behörden und effiziente Prozesse?

1.6 Qualitätsmanagementsysteme und das Europäische Recht der Technik

Allgemeine Verunsicherung

Bisher wurden mehr als 100 Richtlinien zur sicherheitstechnischen Beschaffenheit von Produkten in Brüssel als Europäisches Recht der Technik geschaffen. Alle diese europäischen Richtlinien für Produkte haben seltsamer Weise viele Anhänge, in denen „Anforderungen an Qualitätssicherungssysteme" in höchst dilettantischer Weise beschrieben werden.

Hier wurde offenbar in völliger Unkenntnis der Entwicklung der ISO-Normung zum Qualitätsmanagement (in Brüssel hinkt man mindestens zehn Jahre hinterher) die ISO-9000-Familie neu erfunden, und das in so konfuser Art, daß die Forderungen der meisten Richtlinien für den Anwender unbrauchbar sind, weil die verwendeten Begriffe und Benennungen nicht

16

mit den genormten der Fachsprache übereinstimmen oder nicht definiert sind. Die meisten Forderungen sind daher unscharf und nicht eindeutig.

Bemerkenswert erscheint auch in den Richtlinien und Verordnungen, daß Produkte, wie in den 50er und 60er Jahren noch „kontrolliert" werden, von Vorbeugen und Fehlervermeidung haben die Verfasser offenbar keine Ahnung.

In den neueren Richtlinien und Verordnungen ist häufig vom „Qualitätssicherungs-/Qualitätsmanagement-System" die Rede. Eine sinnvolle Erklärung dieses Wortgebildes ist nicht bekannt.

Eines gilt jedoch unter Fachleuten als sicher:

Wenn in Gesetzen, Richtlinien und Verordnungen, die Gesetzescharakter haben,

* von Kontrolle gesprochen wird, ist regelmäßig Prüfen gemeint. Kontrolle sollte seit 1974 nicht mehr verwendet werden.

* Wenn von Qualitätsicherung gesprochen wird, ist regelmäßig Qualitätsmanagement gemeint, d.h. von aufeinander abgestimmten Tätigkeiten zum Leiten und Lenken einer Organisation bezüglich Qualität.

Qualitätssicherung ist dagegen nur der Teil des Qualitätsmanagements, der auf das Erzeugen von Vertrauen darauf gerichtet ist, daß Qualitätsforderungen erfüllt werden. Qualitätssicherung ist mithin nichts anderes als die Darlegung des Qualitätsmanagements, um Vertrauen zu schaffen.

Rechtlich geregelter und nicht geregelter Bereich

Die Harmonisierungspolitik der Europäischen Gemeinschaften bezieht im technischen Bereich alle Produkte ein, bei denen insbesondere gesundheits- und sicherheitsrelevante Qualitätsforderungen beachtet werden müssen.

In diesem rechtlich geregelten Bereich, in dem im Gegensatz zum nicht geregelten Bereich, zusätzlich gesundheits- und sicherheitsrelevante Qualitätsforderungen vom Rat der Europäischen Gemeinschaften vorgegeben werden, sind zwei Instrumente zu beachten:

* Richtlinien oder Verordnungen
* Konformitätsbewertungsverfahren

Richtlinien der Europäischen Gemeinschaften

Diese Richtlinien und Verordnungen betreffen ausschließlich Produkte des rechtlich geregelten Bereichs. Sie sollen durch Vereinheitlichung der technischen Forderungen, insbesondere der Sicherheitsforderungen, den freien Warenaustausch innerhalb der Europäischen Gemeinschaften fördern. Bemerkenswert ist allerdings, daß sie teilweise von der international genormten QM-Terminologie der Fachleute erheblich abweichen, was wiederum zu gravierenden Mißverständnissen und Irritationen bei den Lesern der Richtlinien führt, die sich gerade in die Thematik einarbeiten.

So heißen Qualitätsforderungen nun Anforderungen. Statt von Angebotsprodukten ist jetzt die Rede von Produkten und Dienstleistungen, als ob Dienstleistungen keine Produkte wären.

Aus Qualifikationsprüfungen zum Nachweis der Erfüllung der Qualitätsforderung ist jetzt das Konformitätsbewertungsverfahren geworden.

Es gibt genehmigte oder zugelassene QS-Systeme, ohne daß bekannt ist, was sie enthalten, wer sie nach welchen Kriterien zulassen darf. Es geht auch mit den Begriffen Qualitätssicherung und Qualitätsmanagement so munter durcheinander, daß selbst Fachleute zweifeln, was denn nun tatsächlich gemeint sein könnte.

Gerade um Irritationen zu vermeiden und um Eindeutigkeit zu schaffen, ist die Verwendung international genormter Fachbegriffe zwingend erforderlich. Doch ist in den Richtlinien vieles so gemacht, als hätte es die Normung zum Qualitätsmanagement nie gegeben.

Konformitätsbewertungsverfahren

Qualifikationsprüfungen sind seit 1991 gemäß Beschluß des Rates der Europäischen Gemeinschaften unter der Bezeichnung Konformitätsbewertungsverfahren mit neun Modulen für die verschiedenen Phasen der Konformitätsbewertungsverfahren eingeführt worden.

Von den neun Modulen sind die Module H, D und E mit der Erfüllung der Darlegungsforderungen verbunden worden. Deswegen findet man in den Anhängen der Richtlinien für

* Modul H: Umfassende Qualitätssicherung, Prüfung und Überwachung des QM-Systems gemäß DIN EN ISO 9001: 1994,
* Modul D: Qualitätssicherung Produktion, Prüfung und Überwachung des QM-Systems gemäß DIN EN ISO 9002:1994,
* Modul E: Qualitätssicherung Produkt, Prüfung und Überwachung des QM-Systems gemäß DIN EN ISO 9003:1994.

Soweit die Erklärung zu einigen Überschriften der Anhänge in Richtlinien und Verordnungen.

Spätestens seit dem Erscheinen der Ausgabe 2000 der ISO 9001 sind die Unterschiede der Module H, D und E für die Darlegung belanglos geworden, da die beiden ISO-Normen 9002 und 9003 nicht mehr existieren.

Das bedeutet aber nicht, daß die Anhänge der Richtlinien und Verordnungen überflüssig geworden sind, denn sie enthalten im Gegensatz zur ISO 9001 mit ihren Darlegungsforderungen, QM-Forderungen an das zu verwirklichende QM-System. Man sollte daher zumindest im gesetzlich geregelten Bereich in den anzuwendenden Richtlinien und Verordnungen nach besonderen fachspezifischen Forderungen suchen, um auch sie zu erfüllen und darzulegen.

Das CE-Zeichen

Hat ein Produkt aus dem rechtlich geregelten Bereich die Qualifikationsprüfung gemäß dem nach der Richtlinie zugelassenen oder empfohlenen Modul bestanden, erhält es mit der Konformitätserklärung das CE-Zeichen, das der Hersteller auf dem Produkt aufbringt.

Das CE-Zeichen ist weder ein Zeichen für Qualität oder die Erfüllung der Qualitätsforderung, noch ein Zeichen dafür, daß die Qualitätsforderung dem entspricht, was der Kunde fordert oder sich wünscht.

Die CE-Kennzeichnung ist auch nicht für den Kunden bestimmt, sondern für die staatlichen Überwachungsstellen. Es soll die Übereinstimmung mit den Forderungen der jeweiligen Richtlinie bestätigen.

2. Empfehlungen zum Aufbau des unternehmensspezifischen QM-Systems

2.1 Vorbemerkungen

Es ist zur Mode geworden, QM-Handbücher zu erstellen, um sie Kunden „vorzeigen" zu können. Hierbei wird häufig übersehen, daß das QM-Handbuch ein funktionierendes Qualitätsmanagement im Unternehmen voraussetzt: Eine wirksame Aufbau- und Ablauforganisation zur Handhabung der Qualität. Folgerichtig ist es daher, erst das Qualitätsmanagementsystem zu organisieren, bevor man es in einem Handbuch beschreibt.

Die Praxis hat gezeigt, daß es zweckmäßig ist, das QM-System zunächst in einem Handbuch zu gliedern, um dann die Gliederungspunkte als QM-Elemente zu beschreiben. Dafür gibt es einige gewichtige Gründe:

* Das QM-System ist ein abstrakter Begriff, den man ohne ein bestimmtes Unternehmen mit seiner Aufbau- und Ablauforganisation nicht konkretisieren kann. Man kann daher ein QM-System auch nicht „einführen", wie vielfach behauptet wird.

 In jedem Unternehmen gab es schon immer ein QM-System. Das ist mithin nichts Neues, das man einführen könnte. Es geht jetzt nur um das Systematisieren, um bewußtes Ordnen, Ändern und Erneuern.

* Die Dokumentation des QM-Systems als Teil der Unternehmensorganisation ist wohl die einzige Möglichkeit der Konkretisierung. Denn es gibt kein Qualitätsmanagement-System nach

DIN ISO[1] oder nach DGQ[2] oder nach VDA[3] oder nach QS 9000[4] ...,
obwohl dies immer wieder behauptet und sehr häufig von Kunden
gefordert wird.

* Das QM-System ist kein eigenständiges System im Unternehmen,
  sondern Teil der Aufbau- und Ablauforganisation zur Sicherung der
  Qualität. Würde das Unternehmen ohne Fehlleistungen
  funktionieren, brauchte vom QM-System nicht gesprochen zu
  werden. Mit anderen Worten:
  Qualitätsmanagement wohnt der Aufbau- und Ablauforganisation
  eines jeden Unternehmens inne. Spricht man vom QM-System, so
  meint man den Teil der Organisation, der sich auf die Handhabung
  der Qualität und, mit der neuen Ausgabe der ISO 9001 insbesondere und ausdrücklich, auf die Kundenzufriedenheit bezieht.

Der Aufbau von QM-Systemen kann sehr unterschiedliche Gründe
haben. Die Ausgangssituation ist in den Unternehmen fast ausnahmslos
die gleiche:

* Die Geschäftsleitung hat unklare Vorstellungen, weil Fachkenntnisse fehlen. Außerdem hat die Geschäftsleitung viel Mißverständli-
  ches gehört und sich dies mangels Kritikfähigkeit zu eigen gemacht. Das heimtückische an Mißverständnissen ist, daß sie nicht
  oder zu spät erkannt werden.

* Mit der Aufgabe, ein QM-System „einzuführen" und ein Handbuch
  zu erstellen, wird in der Regel eine Führungskraft aus dem zweiten
  oder dritten Glied der Führungsriege beauftragt, der jedoch selten
  die erforderlichen Kompetenzen übertragen werden.

* Die Geschäftsleitung verspricht zwar, „voll dahinter zu stehen". Sie
  kann sich der Bedeutung dieser Aussage kaum bewußt sein, wie
  sich später mit hoher Wahrscheinlichkeit zeigt, weil Umfang und Inhalt solcher Projekte nicht überschaubar sind.

---

1 DIN: Deutsches Institut für Normung e.V., Berlin
  ISO: International Organization for Standardization, Genf.

2 DGQ: Deutsche Gesellschaft für Qualität e.V,, Frankfurt/Main

3 VDA: Verband der Automobilindustrie, Frankfurt/Main

4 QS 9000: Quality System Requirements QS-9000

2.2 Sieben Schritte bis zum Anfang

Bevor das Projekt „Qualitätsmanagementsystem" angegangen wird, ist es erforderlich und auch üblich, einen verantwortlichen Projektleiter zu benennen. In Ermangelung einer geeigneten Bezeichnung für seine Funktion wird er hier „Qualitäter" genannt. Oft ist er als Beauftragter der obersten Leitung oder als Beauftragter für Qualitätsmanagement (QMB) von der obersten Leitung benannt.

Die häufig verwendete Benennung „Qualitätsbeauftragter" sollte unbedingt vermieden werden, weil durch sie oft der fälschliche Eindruck entsteht, der Qualitätsbeauftragte sei für die Qualität im Unternehmen verantwortlich.

Die zuvor beschriebene Ausgangssituation darf nicht als Kritik an der Geschäftsleitung verstanden werden. Sie ist eine vom Qualitäter zu berücksichtigende Erfahrung: Von der Unternehmensleitung kann auch heute noch kein Fachwissen zum Qualitätsmanagement erwartet werden! Es spricht sich nur sehr langsam herum, daß zum Führungswissen der Geschäftsleitung das Fachgebiet Qualitätsmanagement zählt.

Bei der im folgenden vorgeschlagenen Strategie wird davon ausgegangen, daß dem Qualitäter kein fachkundiger Berater zur Verfügung steht. Er sollte daher die folgenden sieben Schritte beachten:

2.2.1 Sich fachkundig machen

Der Qualitäter sollte wichtige Begriffe der Fachsprache unbedingt beherrschen und die Grundlagen der Qualitätslehre kennen. Dazu gehören auch Mode-Themen, wie z.B. FMEA und SPC. Der Einsatz dieser sehr vorteilhaften Methoden wird häufig auch dort von Kunden gefordert, wo die Voraussetzungen fehlen. Damit wird Qualitätsmanagement schnell zur Farce!

Er sollte die Bedeutung und Anwendung der Normen DIN ISO 9000 und 9001 gut kennen, Qualitätsmanagementvereinbarungen formulieren und überzogenen Kundenforderungen begegnen können.

Er sollte die allgemeinen Mißverständnisse zur Qualität und zum Qualitätsmanagement kennen und ihnen begegnen können. Außerdem sollte er einprägsame Thesen haben, um die Notwendigkeit des Qualitätsmanagements begründen zu können.

2.2.2 Die Unternehmensleitung gewinnen

Die Unternehmensleitung für systematisches Qualitätsmanagement zu gewinnen, ist einer der wichtigsten Schritte, weil ohne die Einsicht der Unternehmensleitung immer wieder Barrieren aufgebaut werden, wenn der Bedarf an Verteilung von Verantwortung und Befugnissen, wenn Aufgaben, Pflichten und Schwachstellen sichtbar werden, und wenn Kompetenzen übertragen werden sollen.

Selbst, wenn die Unternehmensleitung ihre volle Unterstützung zusagt, sollte sich der Qualitäter hierauf nicht verlassen, denn der mögliche Nutzen systematischen Qualitätsmanagements ist der Unternehmensleitung mangels Fachkenntnisse nicht bekannt. Andernfalls hätte die Unternehmensleitung das Thema schon längst aufgegriffen!

Die Unternehmensleitung sollte zu Kurzreferaten eingeladen werden,
* um Grundkenntnisse zum Qualitätsmanagement vermittelt zu bekommen,
* um Mißverständnisse auszuräumen,
* um durch Thesen mit Begründung überzeugt zu werden.

Schon bei der Zusage, an derartigen Veranstaltungen teilzunehmen, werden sich manche Geschäftsführer und Bereichsleiter zieren. Die Teilnahme sollte daher als Unterstützungsmaßnahme herausgestellt werden. Es sollte darauf hingewiesen werden, daß Qualitätsmanagement zum Führungswissen gehört. Die Konkurrenz spricht schon seit geraumer Zeit vom Total Quality Management!

2.2.3 Führungskräfte motivieren

Qualitätsmanagement ist zwar eine der Kardinal-Aufgaben der Unternehmensleitung. Sie wird jedoch in der Regel an die Führungskräfte der zweiten und meist der dritten Führungsebene delegiert. Diesen Führungskräften muß daher bewußt gemacht werden, daß sie das QM-System zu organisieren haben - und nicht die Unternehmensleitung! Schließlich kennen diese Führungskräfte die Probleme und die Schwachstellen am besten.

Ähnlich der Unternehmensleitung sind auch allen Führungskräften Grundkenntnisse zum Qualitätsmanagement zu vermitteln und Mißverständnisse zu beseitigen. Bei den Führungskräften sollte die Überzeugungsarbeit stärker auf die Motivation zur Mitarbeit und Zusammenarbeit gerichtet sein, denn das QM-System kann nur eine Gemeinschaftsleistung der Führungskräfte sein.

2.2.4 Qualitätspolitik festlegen

Über Qualitätspolitik wird viel geredet. Kaum jemand kann sie in Leit- oder Grundsätzen so konkretisieren, daß man eine Meßlatte für die Beurteilung künftigen Handelns hat.

Für den Aufbau des QM-Systems ist es von Vorteil, der Unternehmensleitung Vorschläge zur Qualitätspolitik zu liefern und diese möglichst im Kreise aller Führungskräfte zu diskutieren. Nach ihrer Verabschiedung müssen sich alle, auch die Unternehmensleitung verpflichten, diese Leitsätze zu beachten (siehe hierzu Kapitel 5.3).

Einerseits ist dieser vierte Vorbereitungsschritt auch für den Fachmann nicht einfach, weil man leicht auf den Pfad des Qualitäts-Geschwafels gerät. Andererseits ist zu bedenken: Das Projekt „QM-System" wird immer wieder gestört. Die Geschäftsleitung verstößt als erste gegen die festgelegte Qualitätspolitik, weil sie vielen anderen Zwängen unterliegt. Der Qualitäter muß hier mit großer Behutsamkeit vorgehen! Die Geschäftsleitung ist einerseits oft noch auf dem Wissensstand von vor 40 Jahren: Qualitätskontrolle machen wir doch schon immer! Andererseits muß beachtet werden, daß es auch andere, sehr wichtige Probleme für die Geschäftsleitung zu berücksichtigen gibt: Qualität und Total Quality Management sind nicht der Nabel der Welt!

Es ist zu beachten:

Qualität ist nicht alles. Ohne Qualität ist aber alles nichts!

Sollte es nicht gelingen, den vierten Schritt vor Projektbeginn zu tun, muß die Festlegung der Qualitätspolitik nach Projektbeginn in Gruppenarbeit angestrebt werden.

2.2.5 Grundsätze zum Qualitätsmanagement festlegen

Dieser fünfte Schritt hängt mit dem vierten schon deswegen eng zusammen, weil die Grundsätze zum Qualitätsmanagement im Unternehmen von der Qualitätspolitik abgeleitet werden sollten und dabei unbedingt Widersprüche vermieden werden müssen.

Die Qualitätspolitik enthält grundlegende Absichten der Unternehmensleitung. Sie müssen so konkret sein, daß die Richtlinien und Grundsätze für das QM-System davon abgeleitet werden können. Die Grundsätze zum Qualitätsmanagement sind ein wichtiger Teil zum Aufbau des QM-Systems. Ein zweiter wichtiger Teil ist das Fachwissen zum Qualitätsmanagement und der dritte, die Kenntnis der Aufbau- und Ablauforganisation des Unternehmens.

2.2.6 Bestimmen des Projekts „QMS" und des Projekt-Teams

Falls es mißlingt, den vierten und fünften Schritt zufriedenstellend zu realisieren, ist es zweckmäßig, den sechsten Schritt an deren Stelle zu setzen.

Um Umfang, Inhalt und Bedeutung des Projekts sichtbar zu machen, ist es erforderlich, das Projekt in einem Vorschlag zu strukturieren und die einzelnen zu bearbeitenden Themen in einer vorläufigen Handbuch-Übersicht aufzuzeigen.

Darüber hinaus ist es für das Projekt erforderlich, daß
* die Unternehmensleitung erkennt, daß die Arbeit nur im Team geleistet werden kann,
* die Mitglieder des Teams offiziell benannt werden,
* die Aufgaben festgelegt sind,
* Verantwortung und Kompetenzen von der Unternehmensleitung übertragen werden müssen,
* ein Zeitplan ausgearbeitet wird.

Es hat sich in einzelnen Fällen als zweckmäßig erwiesen, für das Team „Spielregeln" aufzustellen, um die Zusammenarbeit zu regeln. Spielregeln sind meist schon deswegen angebracht, weil die Team-Mitglieder es oft vorziehen, ihre angestammten Aufgaben zuerst zu erledigen und die ungeliebten Projekt- oder Sonderaufgaben hintanzustellen, die dann regelmäßig bei der Bearbeitung zu kurz kommen.

So sind dem Projektleiter oder Teamleiter für alle Beteiligten klar erkennbare Kompetenzen zu erteilen, z.B. zu Prioritäten bei Normal- und Sonderaufgaben. Schließlich dürfen die Sonderaufgaben nicht einfach grundsätzlich Vorrang haben. Gerade bei dieser Frage sollten für die Team-Mitglieder vernünftige Regelungen gefunden werden, um Störungen in ihren Auswirkungen zu begrenzen.

2.2.7 Projekt „QMS" starten

Als letzter Schritt bleibt die Information der Mitarbeiter über das Projekt, wobei besonders seine Bedeutung für das Unternehmen hervorgehoben und die Mitarbeiter zur intensiven Beteiligung aufgerufen werden sollten.

Darüber hinaus sollte das Projekt von der Unternehmensleitung kurz beschrieben, das Projekt-Team bekannt gemacht und ihm zum offiziellen Start das Projekt übertragen werden.

2.3 Grundsätzliches zum QM-Handbuch

Im QM-Handbuch sollen Teile des QM-Systems des Unternehmens oder eines Unternehmensbereiches, also die Aufbau- und Ablauforganisation im Unternehmen zur Handhabung der Qualität materieller oder immaterieller Produkte beschrieben werden, weil es keinen anderen Weg gibt, das QM-System sichtbar zu machen.

* Das Handbuch soll intern allen Mitarbeitern Hilfe sein, indem es über Zustände und Abläufe im Unternehmen informiert und auf die zur Handhabung der Qualität im Unternehmen notwendigen Einrichtungen und Verfahren hinweist.

* Das Handbuch soll extern der Darlegung der Qualitätsfähigkeit des Unternehmens dienen. Mit dem Handbuch soll überzeugend belegt werden, daß und wie die Qualität in einem firmenspezifischen System gehandhabt wird. Das Handbuch dient mithin dem Nachweis der Eignung eines QM-Systems, die Produktqualität und insbesondere die Kundenzufriedenheit angemessen und zufriedenstellend sichern zu können.

* Das Handbuch ist mit den mitgeltenden Dokumenten Grundlage der Qualitätsaudits, wie sie aufgrund der Sorgfaltspflicht der Unternehmensleitung durchgeführt werden sollten. Schließlich übt die Unternehmensleitung dadurch ihre Controlling-Pflichten aus.

2.4 Empfehlungen zum Handbuch

2.4.1 Zum Anlaß

* Vor Beginn der Arbeiten zum Handbuch und den mitgeltenden Dokumenten muß die Unternehmensleitung für alle Führungskräfte deutlich sichtbar deren Aufgaben und Beiträge zum Handbuch festlegen. Es muß allen bewußt sein, daß Qualitätsmanagement Aufgabe und Pflicht aller Mitarbeiter zur Unternehmenssicherung ist und nicht das Problem des Qualitätswesens oder des QM-Beauftragten.

* Die Dokumentation sollte nicht aufgrund der Initiative eines Einzelnen oder aufgrund einer Kundenforderung erstellt werden. Das ist meist Vergeudung von Zeit und Geld, weil sie einerseits kaum von einem Einzelnen erstellbar ist und andererseits mit großer Wahrscheinlichkeit nicht den Erfordernissen des unternehmensspezifischen Qualitätsmanagements entspricht. Die Unternehmensleitung muß von den Vorteilen systematischen Qualitätsmanagements und von der Bedeutung der Dokumentation so überzeugt sein, daß sie einem Team den Auftrag erteilt, das unternehmensspezifische Qualitätsmanagementsystem zu erarbeiten und in Teilen, wie z.B. nach DIN ISO 9001 gefordert, in einem Handbuch und mitgeltenden Dokumenten darzulegen.

* Die Dokumentation wird nicht „eingeführt", sondern muß mit viel Mühe erarbeitet werden. Wer sie dennoch einführen will, hat sich offensichtlich mit Qualitätsmanagement noch nicht intensiv genug beschäftigt.

2.4.2 Zur Konzeption

* Die Dokumentation sollte in Text-Bausteinen konzipiert werden, da auch das QM-System mit seiner Aufbau- und Ablauforganisation aus einzelnen Funktions-Elementen und Verfahren besteht. Bewährt hat sich die Strukturierung der gesamten Dokumentation nach der ISO 9001, auch wenn kein QM-System nach der Struktur der ISO 9001 funktionieren kann. Man muß aber bei der Konzeption bedenken, daß es nicht um die Funktion des QM-Systems geht, sondern um die Darlegung des QM-Systems nach ISO 9001!

* Jeder Text-Baustein sollte in sich geschlossen und von den anderen Bausteinen im Text abgegrenzt werden, um Text-Änderungen zu vereinfachen.

* Die Dokumentation sollte in einer Lose-Blatt-Sammlung konzipiert werden (DIN A4), um sie leicht ändern und vervielfältigen zu können. Das Handbuch ist jederzeit ergänzungsbedürftig und spätestens nach einem Zeitjahr zu aktualisieren. Beide Forderungen sind in gebundener Buchform kaum erfüllbar.

* Zur einfacheren Verwaltung des Handbuchs, sollte die Erstausgabe mit einem generellen oder einheitlichen Ausgabe-Datum versehen sein. Das ist ebenso für die mitgeltenden Dokumente zweckmäßig, weil dadurch alle späteren Text-Änderungen leicht erkennbar sind.

* Keine fortlaufende Blatt-Numerierung wegen der Änderungen verwenden. Änderungen könnten sonst die Umarbeitung des ganzen Handbuchs zur Folge haben. Bewährt hat sich die fortlaufende Blatt-Numerierung innerhalb eines Text-Bausteins, der mit zwei Ziffern benummert ist.

* Bei der Erarbeitung der Dokumentation sind auch zwangsläufig Themen zu bearbeiten, die als Schwachstellen bekannt sind, aber noch nicht genau analysiert wurden. Analyse und Beseitigung der

Schwachstellen durch Team-Arbeit ist auf Dauer nur dann erfolgversprechend, wenn nicht nach Schuldigen gesucht wird.

2.4.3 Zum Aufbau

* Grundlage der QM-System-Beschreibung und damit auch der Dokumentation sollte die bisherige Aufbau- und Ablauforganisation des Unternehmens sein.

* Jeden Baustein oder Text-Teil für ein QM-Element mit eigener Überschrift und Ordnungs-Nummer versehen. Die Benummerung sollte sich an die Darlegungsnorm ISO 9001 anlehnen.

* Soll das Unternehmen, für welches die Dokumentation zu erstellen ist, zertifiziert werden, und ist das Handbuch nicht nach dem Darlegungsmodell der DIN ISO strukturiert, ist eine Vergleichsmatrix zweckmäßig, in der die Beschreibung des unternehmensspezifischen QM-Systems den QM-Elementen der Norm gegenübergestellt wird. Diese Matrix empfiehlt sich auf jeden Fall, da nur mit ihr die gedankliche Verbindung zu den internen Anweisungen, Richtlinien und Werknormen hergestellt werden kann.

* Forderungen von Kunden, das QM-System und das Handbuch nach DIN ISO ... „einzuführen", muß sofort widersprochen werden, denn:
  - In der Norm wird auf der ersten Seite klargestellt, daß es ein genormtes QM-System nicht geben kann, also auch keines nach DIN ISO!
  - Die Norm 9001 enthält nur Forderungen an die Darlegung des Qualitätsmanagements und nicht an das Qualitätsmanagementsystem.

* Firmenspezifisches Wissen, Beschreibungen von Verfahren und Abläufen, Richtlinien, Haus- oder Werknormen und Anweisungen gehören nicht in das Handbuch. Auf sie wird im Handbuch nur verwiesen.

* Dokumente, Hausnormen, Richtlinien usw. müssen vorhanden sein und z.B. Kunden vorgelegt werden können, dürfen aber nicht Betriebsfremden überlassen werden, da sie Teil des unternehmensspezifischen QM-Systems sind, aber nicht zum Handbuch gehören.

* Dem Handbuch sollte ein Anhang beigefügt werden, in dem die Verzeichnisse der mitgeltenden Dokumente enthalten sind.

* Dem Handbuch ist eine aktualisierte und von der Geschäftsleitung genehmigte Inhaltsübersicht voran zu stellen mit Kapitel-Nummer, Überschrift, Revisionsstand und Datum.

* Handbuch-Exemplare für den innerbetrieblichen Gebrauch sollten einem Änderungsdienst unterliegen. Die Empfänger solcher Handbücher sollten daher aufgelistet und zum Austausch der Unterlagen verpflichtet werden.

* Bei jeder Handbuch-Änderung ist eine neue Inhaltsübersicht auszugeben, aus der alle Änderungen zu erkennen sind.

* Falls Handbücher auch extern verteilt werden, sollten sie wegen des mit Änderungen verbundenen Aufwandes nicht dem Änderungsdienst unterliegen.

2.4.4 Zu Inhalt und Konkretisierungsgrad

* Die Gestaltung des Handbuch-Inhalts ist ein schwer lösbares Problem, weil drei, teilweise miteinander unverträgliche Forderungen erfüllt werden sollen:

   1. Das Handbuch soll dem Kunden ausführlich und überzeugend Auskunft über die Qualitätsfähigkeit des Unternehmens geben.
   2. Das Handbuch soll unternehmensintern wirksame Hilfe für die Mitarbeiter zur Handhabung der Qualität sein.
   3. Im Handbuch sollen keine für Betriebsfremde vertrauliche Informationen preisgegeben werden.

* Die Schwierigkeit der Konkretisierung durch detaillierte Darstellungen führt häufig zum Versuch, zwei Handbücher zu erstellen: Eines für den internen Gebrauch, ein zweites zum „Vorzeigen" bei Kunden.
   Um gerade das zu vermeiden, empfiehlt sich eine Aufteilung in Handbuch-Text und systembezogene Dokumente, auf die im Handbuch verwiesen wird.

* Im Handbuch soll nicht beschrieben werden, daß man Qualität handhabt, sondern
  - wie man sie handhabt;
  - wie die Maßnahmen gestaltet sind;
  - wie die Verfahren ablaufen.

  Dennoch sollten Details nicht angegeben werden, um das Handbuch nicht ständig ändern zu müssen, weil sich Details schnell ändern.

* Im Handbuch sollten auch die verantwortlichen Stellen mit ihren Befugnissen genannt werden, nicht aber die Namen der Stelleninhaber.

* Es sollten keine Wunschvorstellungen und Absichtserklärungen im Handbuch enthalten sein, sondern nur Realisiertes beschrieben werden.

* Bei den Anweisungen, Werknormen und Richtlinien sollten Wortbildungen mit „Qualität", „Qualitätssicherung" oder „Qualitätsmanagement" vermieden werden, weil sonst der Eindruck entsteht, es handle sich um spezielle Unterlagen, die nur das Qualitätswesen betreffen. Es sollte dagegen die Verbindlichkeit der systembezogenen Dokumente für alle Mitarbeiter zum Ausdruck kommen.

* Eine Verbindlichkeitserklärung der Unternehmensleitung und die Angabe des Geltungsbereichs sind unbedingt erforderlich. Schließlich ist das Handbuch selbst eine Hausnorm, nach der alle Mitarbeiter ihr Verhalten im Unternehmen auszurichten haben.

* Es sollte auf die Urheberrechte und die Originalität des Handbuches besonders deutlich hingewiesen werden.

2.5 Erfahrungen

* Der Aufwand zur Erstellung des Handbuchs mit allen sonstigen Dokumenten, die zum Qualitätsmanagementsystem gehören, beträgt nach allgemeiner Erfahrung mindestens 8 Mann-Monate. Die Aussage gilt allerdings nur unter der Voraussetzung, daß ein Text-Verarbeitungssystem zur Verfügung steht. Darüber hinaus ist für den Zeitaufwand entscheidend, wie viele zweckmäßige Unterlagen schon vorhanden

sind. Nicht die Erstellung des Handbuchs kostet so viel Zeit, sondern die Dokumentation des QM-Systems in Werknormen, Anweisungen und Richtlinien, die nicht zum Handbuch aber zum Qualitätsmanagementsystem gehören.

* Die Dauer bis zur Fertigstellung der ersten Ausgabe wird meist mehr als ein Zeitjahr beanspruchen, wenn ein fachkundiger Berater die wesentlichen Vorarbeiten, die Strukturierung des Projekts und die Formulierungsarbeit übernimmt.

* Für Handbücher, die ohne externe fachkundige Hilfe erstellt werden, ist etwa die doppelte Zeit zu veranschlagen, weil die Handbuch-Autoren nicht ausreichend Zeit und Unterstützung erhalten und meist am Handbuch „nebenher" arbeiten müssen.

* Handbücher, die ohne externe fachkundige Hilfe erstellt werden, genügen oft nicht den Forderungen der Zertifizierer, weil den Handbuch-Autoren kaum Gelegenheit gegeben wird, sich fachkundig zu machen.

* Handbücher werden oft als unzureichend beurteilt, weil die Maßstäbe der Beurteilung eines QM-Systems nicht normierbar sind, und weil persönliche Vorstellungen und Maßstäbe der Auditoren mitwirken. Allein aus diesem Grund ist es ratsam, sich strikt an die Struktur der ISO 9001 und an ihre Darlegungsforderungen zu halten, wie sie in den Hauptabschnitten 4 bis 8 behandelt werden.

* In der Norm wird von der Darlegung des Qualitätsmanagements gesprochen. Das führt häufig zu der Ansicht, das Handbuch sei zum „Vorzeigen" zu verfassen. Vorgezeigt werden soll jedoch das QM-System mit seinen QM-Elementen.

* Die Kosten für die Handbuch-Erstellung mit den zugehörigen Dokumenten hängen kaum von der Unternehmensgröße ab, sondern vom Umfang und Inhalt des Qualitätsmanagement-Systems. Die Spannweite für die Gesamtkosten liegt etwa zwischen € 25.000.- und € 250.000.-. Das Handbuch sollte den Umfang von 60 Seiten nicht übersteigen, die übrige Dokumentation kann 100 Seiten und mehr umfassen.

* Zur Begrenzung des Dokumentationsaufwandes sollte man sich immer wieder an den Grundsatz erinnern:
  Es ist immer dann ein Dokument zu erstellen, wenn sein Fehlen zu Fehlern führen könnte.

* Der Zweck und die Funktion eines QM-Handbuchs wird häufig falsch interpretiert. Daher ist eine Schulung von Mitarbeitern und aller Führungskräfte unbedingt erforderlich. Besonders die Führungskräfte müssen mit dem Handbuch-Inhalt und mit den zum System gehörenden Unterlagen vertraut sein.

* Handbücher sind teuer zu erstellen und sehr interessant. Sie werden daher inoffiziell und intensiv zwischen den Firmen gehandelt. Kopieren darf das Handbuch daher nur die für das Handbuch verantwortliche Stelle.

* Da das Handbuch wie eine unternehmensinterne Werknorm zu betrachten ist, sollte es nicht Genehmigungsverfahren durch Kunden unterzogen werden. Viele Kunden möchten das QM-System beurteilen und genehmigen, obwohl sie selbst kein dokumentiertes QM-System vorweisen können. Die Organisation des QM-Systems ist eine Aufgabe der Unternehmensleitung, die kein Außenstehender zu genehmigen hat. Auch die Auditoren von akkreditierten Zertifizierern können das unternehmensspezifische QM-System nicht genehmigen.
  Sie können nur formal bestätigen, daß das auditierte Unternehmen sein QM-System nach ISO 9001 dargelegt hat und daß dieses System wie dargelegt funktioniert.

* Es sollte nicht übersehen werden, daß die Erstellung des Handbuchs und die Organisation des QM-Systems die einmalige Chance bietet, Schwachstellen im QM-System zu beseitigen, da man sie andernfalls im Handbuch offenlegen müßte.

* Es ist zwar unglaublich, aber dennoch eine normale Erfahrung:
  Es wird sehr häufig geglaubt, mit dem Vorhandensein eines QM-Handbuchs sei die Qualität ausreichend gesichert, so daß Qualität zu erzeugen, eine zwangsläufige Folge sei.
  Das Zertifikat nach DIN ISO ... ist nicht der Nachweis der Qualitätsfä-

higkeit, sondern nur die Bestätigung, die formalen Mindestvoraus-
setzungen zu erfüllen.

3. Hilfen zur Darlegung

3.1 Hinweise zur Darlegung

Das QM-System eines Unternehmens ist abstrakt. Man kann es nur konkretisieren, wenn man es zu Papier bringt, wenn man das System dokumentiert.

Wer das QM-System seines Unternehmens darlegt - wofür es im allgemeinen nur die Zertifizierung als Hauptziel gibt - der wird das üblicherweise in einem QM-Handbuch tun. Dazu sollte beachtet werden:

* Die Beschreibung des QM-Systems oder seine Darlegung erfolgt im Handbuch.

* Die Dokumentation des ganzen QM-Systems ist dagegen weit mehr, denn sie umfaßt auch alle Dokumente für den internen Gebrauch, wie z.B. Richtlinien, Verfahrensanweisungen, Arbeits- und Prüfanweisungen. Diese enthalten detaillierte Internas und gehören daher nicht zum Handbuch, denn dieses ist in aller Regel für die externe Darlegung vorgesehen. Sie gehören zum System, ja sie machen das System erst aus. Sie gehören aber nicht zur Darlegung, sondern auf sie ist bei der Darlegung im Handbuch zu verweisen.

Zur Darlegung im Handbuch sollte bei allen Überlegungen das *Wie* im Vordergrund stehen. Das *Was*, daß also Tätigkeiten, Maßnahmen und Abläufe organisiert sind, ist weitgehend als selbstverständlich vorauszusetzen.

Bei der Darlegung des QM-Systems im Handbuch ist dem Leser verständlich zu machen:

* Wie man Qualität handhabt (managt);
* Wie die Tätigkeiten, Maßnahmen und Abläufe organisiert sind;
* Wie das QM-System funktioniert.

36

3.2 Hinweise zur Formulierungsarbeit in Handbüchern

Handbücher, die von ungeübten Autoren erstmals und ohne Anleitung angefertigt wurden, lesen sich oft wie Plädoyers für das Qualitätsmanagement, in denen die Vorzüge bestimmter QM-Verfahren angepriesen werden, z.b. "die FMEA ist eine hervorragende Fehlerbewertungsmethode, daher wendet sie auch die Firma XY an".

Der Leser gilt als so fachkundig, daß diese Hinweise peinlich wirken könnten. Darüber hinaus ist der namentliche Hinweis auf die Firma überflüssig, da sich das ganze Handbuch auf das QM-System der Firma bezieht.

Eine andere Unart, die häufig anzutreffen ist, besteht in der durch nichts bewiesenen oder begründeten Selbstbestätigung, wie gut und sicher alles funktioniere, wie z.b. die Behauptung: "Durch diese 100%-Prüfung stellen wir sicher, daß kein fehlerhaftes Produkt ausgeliefert wird", wo doch jeder Fachmann um den Fehlerdurchschlupf wissen müßte. Diese Aussage ist wenig vertrauensvoll. Es wäre besser zu beschreiben, wie man es organisiert, daß 100%-Prüfungen wirklich funktionieren.

Auf Formulierungen, die man vermeiden sollte, muß ebenfalls hingewiesen werden. Es sind hauptsächlich unbestimmte Adjektive wie: bestimmte, erforderliche, notwendige, besondere, spezielle, festgelegte, vorgegebene, betroffene.

Beispielsweise ist die Rede von "... bestimmte Produkte ..." oder von "... erforderliche Maßnahmen ...". Hier möchte der Leser sogleich die Frage stellen, welches sind denn nun die bestimmten Produkte oder welche Maßnahmen sind denn erforderlich? Es entsteht der Eindruck, als könne man diese Maßnahmen nicht nennen. Gibt es besondere Maßnahmen, dann sollten sie direkt genannt werden.

3.3 Hinweise zu Aufbau und Benutzung der folgenden Arbeitshilfen

Der Text zu den Darlegungselementen ist im deutschen Text der Norm teilweise derart unverständlich, gestelzt und verschachtelt, an einigen

Stellen sogar falsch ins Funktionärsdeutsch übertragen, daß es zweckmäßig erschien, den Text der ISO 9001:2000 verkürzt und verständlicher
formuliert in die Arbeitshilfe einzubringen.

Teilweise wurde der Text auch wörtlich übernommen, wenn sein Sinn
nicht geklärt werden konnte oder eine Erklärung besonders unsicher
schien.

Die Darlegungsforderungen der Norm (ISO 9001) sind grundsätzlich mit
☛ gekennzeichnet, die einzeln geforderten Unterpunkte mit ●.

In Klammern gesetzte Überschriften sind im Norm-Text nicht enthalten.
Sie sollen dem Leser zur Orientierung dienen.

Die Numerierung der Darlegungsforderungen ist mit denen der Norm, mit
4 beginnend, identisch.

Die eigentlichen Hilfen zur Darlegung sind mit 📖 gekennzeichnet. Es
handelt sich hierbei um Empfehlungen, die aus der Erfahrung und aus
den Auditfragenkatalogen verschiedener Zertifizierungsinstitute
stammen.

Die mit * und - gekennzeichneten Begriffe sind ausschließlich Stichworte,
Hinweise und Beispiele zur Auswahl!!!

Sie sind keinesfalls zwingende Vorgabe!!!

Der Leser sollte vielmehr darüber nachdenken, welches Stichwort oder
welcher Hinweis zum QM-System seines Unternehmens am zweckmäßigsten paßt, weil das schon so oder so ähnlich organisiert ist oder weil
das so organisiert werden könnte.

Vor Entwerfen des Textes zu einer numerierten Überschrift daran denken:

☛ **bedeutet: "Das fordert die Norm!"**

📖 **bedeutet: "Das könnte man darlegen!"**

3.4 Vorschlag zur Handbuch-Struktur mit Arbeitshilfe

Im Folgenden wird eine Struktur des Handbuchs vorgeschlagen, die es erlaubt, die Benummerung der Darlegungsforderungen der neuen Ausgabe von ISO 9001:2000 in das Handbuch vollständig zu übernehmen.

Außerdem enthält die Auflistung drei Spalten rechts „zum Abhaken":

* die erste Spalte, wenn der Entwurf zur Diskussion vorliegt;
* die zweite Spalte, wenn aus dem diskutierten Entwurf die erste Fassung erstellt wurde;
* die dritte Spalte, wenn vor der Zertifizierung die einzelnen Kapitel nochmals hinsichtlich ihrer Aktualität durchgesehen werden.

Nr.	Verzeichnis der Nachweisforderungen an ein QM-System, darzulegen nach DIN EN ISO 9001: 2000	Entwurf	Erste Fassung	Zertifi-zierbare Fassung
0.	Inhaltsverzeichnis mit Revisionsstand und Freigabe durch die Geschäftsleitung			
1.	Hinweise zum Handbuch			
2.	Firmenportrait			
3.	Verbindlichkeitserklärung der Geschäftsleitung			
4.	Qualitätsmanagementsystem			
4.1	Allgemeine Forderungen			
4.2	Dokumentationsforderungen			
4.2.1	Allgemeines			
4.2.2	Qualitätsmanagement-Handbuch			
4.2.3	Lenkung von Dokumenten			
4.2.4	Lenkung von Aufzeichnungen			
5.	Verantwortung der Leitung			
5.1	Verpflichtung der Leitung			
5.2	Kundenorientierung			
5.3	Qualitätspolitik			
5.4	Planung			
5.4.1	Qualitätsziele			
5.4.2	Planung des Qualitätsmanagementsystems			
5.5	Verantwortung, Befugnis und Kommunikation			
5.5.1	Verantwortung und Befugnis			
5.5.2	Beauftragter der obersten Leitung			

Nr.	Verzeichnis der Nachweisforderungen an ein QM-System, darzulegen nach DIN EN ISO 9001: 2000	Entwurf	Erste Fassung	Zertifi- zierbare Fassung
5.5.3	Interne Kommunikation			
5.6	Managementbewertung			
5.6.1	Allgemeines			
5.6.2	Eingaben für die Bewertung			
5.6.3	Ergebnisse der Bewertung			
6.	Management von Ressourcen			
6.1	Bereitstellung von Ressourcen			
6.2	Personelle Ressourcen			
6.2.1	Allgemeines			
6.2.2	Fähigkeit, Bewußtsein und Schulung			
6.3	Infrastruktur			
6.4	Arbeitsumgebung			
7.	Produktrealisierung			
7.1	Planung der Produkt-Realisierung			
7.2	Kundenbezogene Prozesse			
7.2.1	Ermittlung der Forderungen in Bezug auf das Produkt			
7.2.2	Bewertung der Forderungen in Bezug auf das Produkt			
7.2.3	Kommunikation mit den Kunden			
7.3	Entwicklung			
7.3.1	Entwicklungsplanung			
7.3.2	Entwicklungseingaben			
7.3.3	Entwicklungsergebnisse			
7.3.4	Entwicklungsbewertung			
7.3.5	Entwicklungsverifizierung			
7.3.6	Entwicklungsvalidierung			
7.3.7	Lenkung von Entwicklungsänderungen			
7.4	Beschaffung			
7.4.1	Beschaffungsprozeß			
7.4.2	Beschaffungsangaben			
7.4.3	Verifizierung von beschafften Produkten			
7.5	Produktion und Dienstleistungserbringung			
7.5.1	Lenkung der Produktion und der Dienstleistungserbringung			
7.5.2	Validierung der Prozesse zur Produktion und Dienstleistungserbringung			
7.5.3	Kennzeichnung und Rückverfolgbarkeit			

40

Nr.	Verzeichnis der Nachweisforderungen an ein QM-System, darzulegen nach DIN EN ISO 9001: 2000	Entwurf	Erste Fassung	Zertifizierbare Fassung
7.5.4	Eigentum des Kunden			
7.5.5	Produkterhaltung			
7.6	Lenkung von Überwachungs- und Meßmitteln			
8.	Messung, Analyse und Verbesserung			
8.1	Allgemeines			
8.2	Überwachung und Messung			
8.2.1	Kundenzufriedenheit			
8.2.2	Internes Audit			
8.2.3	Überwachung und Messung von Prozessen			
8.2.4	Überwachung und Messung des Produkts			
8.3	Lenkung fehlerhafter Produkte			
8.4	Datenanalyse			
8.5	Verbesserung			
8.5.1	Ständige Verbesserung			
8.5.2	Korrekturmaßnahmen			
8.5.3	Vorbeugungsmaßnahmen			
10.	Anhang, Verzeichnisse mitgeltender Dokumente			
10.0	Verzeichnis der Qualitätsaufzeichnungen			
10.1	Verzeichnis der Organisationsrichtlinien			
10.2	Verzeichnis der Verfahrensanweisungen			
10.3	Verzeichnis der Hausnormen			
10.4	Verzeichnis der Formblätter			
10.5	Verzeichnis der Arbeitsanweisungen			
10.6	Verzeichnis der Betriebsanweisungen			
10.7	Verzeichnis der Prüfanweisungen			

41

3.5 Bemerkungen zur Darlegung

Bemerkungen zum Handbuch-Aufbau

Die Kapitel des Handbuchs sollten gemäß ISO-Ausgabe 2000 numeriert und angeordnet sein, weil die Zertifizierungsauditoren diese Struktur ohne Umstände wiederfinden möchten.

Die Darlegungsforderungen der ISO 9001 beginnen mit der Kapitel- oder Abschnittsnummer 4.

Es hat sich seit langem bewährt, den Darlegungen der Norm im Handbuch einen Vorspann zu geben. Dafür sind die Kapitel mit den Nummern 0, 1, 2, und 3 gedacht. Der Anhang (Nr. 10) sollte so oder so ähnlich gestaltet werden, wie dort vorgegeben, damit die mitgeltenden und immer wieder zu aktualisierenden Dokumente ohne großen Aufwand verwaltet werden können.

Der Vorspann im Handbuch

Dem Vorschlag zur Handbuch-Struktur nach beginnen die Darlegungen des QM-Systems mit der Nummer 4 in Übereinstimmung mit der Norm.

Es hat sich als zweckmäßig erwiesen, die Numerierung für einen Vorspann zu nutzen, in dem vier Themen angesprochen werden.:

Nr. 0, Inhaltsverzeichnis mit Revisionsstand und Freigabe durch die Geschäftsleitung

Mit diesem Verzeichnis sollen alle Kapitel des Handbuchs zusammen freigegeben und in Kraft gesetzt werden. Außerdem soll der Stand der Aktualisierung der einzelnen Kapitel erkennbar sein.

Nr. 1, Hinweise zum Handbuch

Das Handbuch ist ein Dokument von zentraler Bedeutung für Unternehmen und Mitarbeiter. Deswegen sollte hier etwas zur Handhabung dieses Dokuments ausgeführt werden, z.B. über das Vervielfältigen, über mitgeltende Unterlagen, über Zuständigkeiten und Ausgabe-Exemplare, den Änderungsdienst betreffend.

Nr. 2, Firmenportrait

Hier genügt eine Kurzfassung für Externe, in dem man z.b. zeigt, wie das Unternehmen entstanden ist, wo die Kerngeschäftsfelder liegen, welche Branchen man beliefert oder auf welchen Märkten man sich befindet.

Nr. 3, Verbindlichkeitserklärung

Den Mitarbeitern sollte hier Geltungsbereich und Funktion des Handbuchs mit Unternehmenszielen hinsichtlich Qualitätsmanagement und Kundenzufriedenheit erklärt werden.

Darüber hinaus sollte die Unternehmensleitung die Mitarbeiter auf das Einhalten von Vorgaben und Grundsätzen, wie sie in der QM-Dokumentation enthalten sind, hinweisen und verpflichten.

Bemerkungen zum Begriffe-Streit

Das Wort „Forderung" ist ohne Begründung aus der deutschen Normensprache durch das verfahrenswidrige und eigenmächtige Handeln des DIN ausgesperrt und durch „Anforderung" ersetzt worden.

QM-Fachleute sind sich jedoch einig, beide Begriffe unterscheiden und verwenden zu müssen:

Forderung ist das Verlangen, daß eine bezeichnete Einheit diese (Forderung) erfüllt.

Anforderung ist das Verlangen, in den Besitz einer bezeichneten Einheit zu kommen.

Da in der ISO 9000-Familie ausschließlich das Verlangen, daß eine Einheit eine bestimmte Forderung erfüllt, gemeint ist, erscheint es ratsam, dieses Wort überall dort im Text zu verwenden, wo es um das Verlangen geht, eine Forderung zu erfüllen.

Oder wie wäre es mit einer Darlegungsanforderung oder Qualitätsanforderung? Oder Gehaltsanforderung?

Wie die Darlegung oder Dokumentation beginnen?

Als erstes sind die Dokumentationsregeln (siehe 4.2.3) zu entwerfen, im Kreise der Führungskräfte zu diskutieren und für alle verbindlich vorzugeben.

Dieser erste Schritt ist so wichtig, weil das QM-System nur durch eine geeignete Dokumentation konkretisiert werden kann.

Die Dokumentationsregeln sind Grundlage des Systems. Wenn sie nicht sorgfältig, umfassend aber auch auf das Wesentliche beschränkt werden, entsteht schnell hoffnungsloser Bürokratismus. Von diesem Phänomen ausgehend ziehen viele Mitarbeiter den falschen Schluß: „Das QM-System nach DIN EN ISO ist für uns nicht geeignet. Die ISO hat uns nur Papierkrieg gebracht."

Und genau diese Beurteilung muß unbedingt verhindert werden, weil sie die Zukunft des Unternehmens schwerwiegend beeinträchtigen wird.

Wenn die Mehrheit der Führungskräfte Nachteile der Dokumentationsregelung plausibel begründen kann, dann hat genau diese Mehrheit ungeeignete Dokumentationsregeln festgelegt. Das ist keinesfalls die Schuld der ISO 9001.

Und wie macht man es nun besser? In dem man sich im Kapitel .2, insbesondere in 4.2.3 schlau macht (siehe auch 9.2).

Nach der Festlegung der Dokumentationsregeln gibt es für die Dokumentation des QM-Systems oder für seine Darlegung normalerweise zwei Wege:

* Die Handbuch-Kapitel in Abfolge der Norm-Struktur bearbeiten und zu jedem Kapitel die mitgeltenden Verfahrens- und Arbeitsanweisungen entwickeln und festschreiben. Oder aber
* Gemäß Kapitel 4.1 die internen Abläufe als Prozesse bestimmen und, soweit gemäß Grundsatz (siehe auch 2.5) erforderlich, in Verfahrens- und Arbeitsanweisungen nach den Dokumentationsgrundsätzen (4.2.3) beschreiben.

Der erste Weg ist üblich, der zweite wesentlich seltener, aber effektiver.
Auf dem ersten Weg glaubt man schneller, weil systematischer zu sein.

Der zweite Weg führt schneller und direkt zum Ziel. Dafür gibt es wesentliche Gründe:

* Bevor man Funktionen und Prozesse beschreibt, sollte man sie in allen Einzelheiten analysieren und hinsichtlich ihrer Wirksamkeit bewerten.
* Erst die sorgfältige Analyse wird die wesentlichen Schwachstellen erkennen lassen.
* Die gefundenen Schwachstellen sind zu beseitigen und die Funktionen und Prozesse, soweit für die Darlegung angemessen, zu dokumentieren.
* Von den zur Dokumentation des QM-Systems gehörenden Unterlagen, wie z.B. Verfahrensanweisungen, Arbeitsanweisungen und Hausnormen lassen sich die Handbuch-Texte besonders einfach ableiten, in dem man den dokumentierten Inhalt der Unterlagen nur in Grundzügen, also nicht mit Einzelheiten, im Handbuch wiedergibt.

3.6 Hinweise für einen zweckmäßigen Aufbau der Dokumentation

Grundsätzlich sollte die QM-Dokumentation in Handbuch und mitgeltende Dokumente aufgeteilt werden. Die Gründe dafür wurden teilweise schon im Kapitel 2.4.4 angesprochen. Bei dieser Aufteilung ist zu bedenken:

Im Handbuch wird das QM-System mit seiner Aufbau- und Ablauforganisation beschrieben. Ziel der Beschreibung ist, Vertrauen in die Fähigkeit des Unternehmens zu schaffen, Kunden zufriedenstellen zu können.

Die Darlegung im Handbuch ist aber auch für die Beurteilung dieser Fähigkeit durch autorisierte externe Stellen gedacht. Zu diesem Zweck sollte die Darlegung im Handbuch konkret und realistisch sein, aber keine unternehmensspezifischen Interna enthalten.

Auf diese, wie sie in mitgeltenden Dokumenten vorgegeben werden, wird stattdessen im Handbuch nur verwiesen.

Mit dem Handbuch sollten mithin die Darlegungsforderungen der ISO 9001 erfüllt werden.

Grundsätzlich anders sind zum QM-System gehörende Dokumente zu betrachten:

Wie das Unternehmen (die Organisation) mit seinen Prozessen funktioniert, wie die Verfahren ablaufen sollen, welche Tätigkeiten wie auszuführen sind, das alles ist in mitgeltenden Dokumenten verbindlich festzulegen.

Diese Dokumente sind daher wichtiger Bestandteil des QM-Systems. Sie enthalten interne Regeln und Anweisungen für Abläufe und Tätigkeiten im QM-System.

Sie sind dadurch für die Darlegung des QM-Systems weniger geeignet, weil bei ihrer Veröffentlichung unternehmensspezifisches Wissen preisgegeben werden könnte.

Die Dokumentation sollte den unterschiedlichen Aufgaben entsprechend aufgebaut werden, wobei auch die Struktur der Organisation zu berücksichtigen ist: Handelt es sich z.B. um die Dokumentation eines Kleinunternehmens mit fünf Mitarbeitern oder um die eines Konzerns mit fünf völlig verschiedenen und rechtlich selbständigen Tochterfirmen.

Zur Dokumentation des QM-Systems kommen neben dem QM-Handbuch meist folgende mitgeltende Dokument in Betracht:

1. Haus- oder Werknormen
2. Organisationsrichtlinien oder -anweisungen
3. Verfahrensanweisungen
4. Betriebsanweisungen
5. Arbeitsanweisungen
6. Prüfanweisung
7. Qualitätsaufzeichnung

3.6.1 Das Qualitätsmanagement-Handbuch

Der ISO 9001 zufolge sollte jede Organisation ein Qualitätsmanagement-Handbuch erstellen. Das kann auch im Konzern oder in der Holding mit mehreren rechtlich selbständigen Tochterunternehmen so gehandhabt werden, in dem ein Konzernhandbuch erstellt wird, das alle Darlegungsforderungen der Norm für den Konzern erfüllt.

Die detaillierten Regeln der QM-Systeme von Tochterunternehmen werden dagegen in mitgeltenden Dokumenten festgeschrieben, auf die im Konzernhandbuch am Schluß der jeweiligen Kapitel verwiesen wird.

Außerdem sollten die Ausschlüsse im Sinne des Abschnitts 1.2 der ISO 9001 für alle Tochterunternehmen im Konzernhandbuch Teil 7 mit kurzer Begründung dargelegt werden.

Darüber hinaus ist es zweckmäßig, im Anhang des Handbuchs alle mitgeltenden Dokumente nach Konzern und Tochterunternehmen vollständig aufzulisten.

3.6.2 Mitgeltende Dokumente

Um es noch einmal klarzustellen: Die mitgeltenden Dokumente sind nicht Teil des Handbuchs zur Darlegung, sondern wesentlicher Teil des QM-Systems zur Regelung der Funktionen und Prozesse des Unternehmens.

Die Norm fordert nur ziemlich ungeschickt, dokumentierte Verfahren, was „bedeutet, ... daß das jeweilige Verfahren festgelegt, dokumentiert, verwirklicht und aufrechterhalten wird" (4.2.1).

Viel einfacher könnte man auch konstatieren: Verfahrensanweisungen müssen her, deren Wirksamkeit ständig zu überprüfen ist.

Die in der Norm angesprochenen Verfahrensanweisungen, so hat sich in der Praxis gezeigt, reichen für die Dokumentation der Regeln auch eines kleinen Unternehmens oft nicht aus.

Deswegen haben sich in der Praxis des Qualitätsmanagements weitere Dokumente in Abhängigkeit von der Qualifikation der Mitarbeiter und der Organisationsstruktur des Unternehmens herausgebildet.

Das System der Dokumente wird mit Ausnahme der Qualitätsaufzeichnungen üblicherweise in drei Ebenen konkretisiert (siehe auch 9.2).

Das Dokument der ersten Ebene

ist das Qualitätsmanagement-Handbuch. Es wird in der Norm ausdrücklich gefordert (4.2.2).

Dokumente der zweiten Ebene

enthalten Grundlagen und Prinzipien, die für Abläufe und Verfahren im ganzen Konzern oder für Bereiche gelten.

Zu den Dokumenten der zweiten Ebene zählen:
* Organisationsrichtlinien (OR)
  Sie enthalten konzernweit geltende Regelungen vorwiegend organisatorischer Belange, insbesondere der Information und Zusammenarbeit.
* Hausnormen (HN)
  Sie enthalten konzernweit vorwiegend besondere Regeln der Technik und konzerninterne Informationen zu meist technischen Begriffen und Verfahren und ergänzen oft z.B. DIN- oder ISO-Normen.

Anmerkung 1:

Die Benennung Organisationsanweisung sollte man meiden, weil häufig verkürzt nur von Anweisungen gesprochen wird und dadurch unklar bleibt, von welchem Dokument tatsächlich die Rede ist.

Anmerkung 2:

Konzerne werden Organisationsrichtlinien bevorzugen, weil sie damit außerhalb der Darlegung im Handbuch bleiben und dadurch die besonderen Regeln der Tochterunternehmen nicht preisgeben müssen.

Dokumente der dritten Ebene

umfassen Anweisungen mit verbindlichen Vorgaben von Einzelheiten für Arbeitsabläufe und Tätigkeiten in einer Abteilung oder am Arbeitsplatz:
* QM-Verfahrensanweisungen (VA)
  Sie enthalten bereichsübergreifende Regelungen von Verfahren und Abläufen innerhalb der einzelnen Tochterunternehmen.
* Betriebsanweisungen (BA)
  Sie enthalten Regelungen betriebsinterner Belange der einzelnen Tochterunternehmen, die sich auf die Arbeitssicherheit beziehen.

* Arbeitsanweisungen (AA)
  Sie beziehen sich auf einzelne Tätigkeiten oder Handhabung von Anlagen und Geräten.
* Prüfanweisungen (PA)
  Sie gelten für Qualitätsprüfungen und beschreiben deren Ablauf. Sie sind zweckmäßig als Prüfprotokolle auszubilden und damit auch als Qualitätsaufzeichnungen verwendbar.

Anmerkung 3:
Verfahrensanweisungen werden in der Norm als „dokumentierte Verfahren" gefordert.

Anmerkung 4:
Bei qualifizierten Mitarbeitern wird man zumeist auf Arbeitsanweisungen verzichten können.

Anmerkung 5:
Prüfanweisungen könnten auch in Arbeitsanweisungen integriert werden. Besonderns zweckmäßig ist die Kombination von Prüf- und Arbeitsanweisungen in Checklistenform, wegen des damit verbundenen Zwangslaufs.

3.6.3 Qualitätsaufzeichnungen

Ergebnisse von Qualitätsprüfungen an Tätigkeiten oder an Produkten und QM-Nachweise zur Bestätigung der Qualitätsfähigkeit von QM-Elementen (z.B. Auditberichte) sind gemäß ISO 9001/4.2.4) zu dokumentieren.

Sie sind als Qualitätsaufzeichnungen einerseits Teil es QM-Systems und andererseits Teil der Darlegung des QM-Systems.

Aus Gründen der Zweckmäßigkeit ist es ratsam, alle Qualitätsaufzeichnungen in einem gesonderten Verzeichnis, wie in 4.2.4 beschrieben, im Anhang des Handbuchs aufzulisten und an den Kapitelenden des Handbuchs auf dieses Verzeichnis zu verweisen.

4. Qualitätsmanagementsystem

4.1 Allgemeine Forderungen

☛ Die Organisation muß entsprechend den Forderungen dieser internationalen Norm ein QM-System zur Sicherstellung der Produktqualität aufbauen, dokumentieren, verwirklichen, aufrechterhalten und dessen Wirksamkeit ständig verbessern.

📖 Diese Forderung ist sinnlos und daher irreführend, denn nach dem Vorwort ISO 9001 können nur Darlegungsforderungen gestellt werden, aber keine an ein organisationsspezifisches QM-System!

☛ Die Organisation muß

- die für das QM-System erforderlichen Prozesse und ihre Anwendung in der gesamten Organisation bestimmen (a);
- die Abfolge und Wechselwirkung dieser Prozesse erkennen und festlegen (b);
- die Kriterien und Methoden festlegen, um die Prozesse wirksam zu machen und zu lenken (c);
- die für die Prozesse und ihre Überwachung erforderlichen Mittel und Informationen zur Verfügung stellen, die für die Prozesse und ihre Überwachung benötigt werden (d);
- die Prozesse überwachen, messen und analysieren (e);
- Maßnahmen treffen, um die geplanten Ergebnisse und ständige Verbesserung dieser Prozesse zu erreichen (f).

📖 Diese Norm enthält im Hauptabschnitt 7 die Forderungen, die nicht dargelegt werden müssen, wenn sie wegen

- * der Art des Produkts;
- * der Kundenforderungen;
- * der Forderungen der Gesellschaft;

nicht organisiert sind.

📖 Die Forderungen aus Hauptabschnitt 7, die nicht im QM-System organisiert sind und daher auch nicht dargelegt werden, sind unter 4.2.2 aufzuzählen und ihr Ausschluß einzeln kurz zu begründen.

☞ Die Organisation muß diese Prozesse in Übereinstimmung mit den Forderungen dieser Norm leiten und lenken.

📖 Nach ISO 9000: 2000 ist unter Prozeß zu verstehen:
Satz von in Wechselbeziehungen oder Wechselwirkung stehenden Tätigkeiten, der Eingaben in Ergebnisse umwandelt.
Oder einfacher erklärt:
System von Tätigkeiten, durch die Eingaben mit Hilfe von Mitteln in Ergebnisse umgewandelt werden.

📖 Es kommen drei Prozeßkategorien in Betracht:
* Herstell- oder Produktionsprozesse, in denen materielle Produkte erzeugt werden.
* Dienstleistungsprozesse, in denen immaterielle Produkte (Dienstleistungen) durch Tätigkeiten erbracht werden.
* Geschäftsprozesse, in denen durch Tätigkeiten Materialien, Energien oder Informationen transportiert oder umgeformt werden.

📖 Alle diese Prozesse sind
* zu planen, abzugrenzen und ihre Schnittstellen zueinander zu erkennen;
* zu realisieren;
* zu messen;
* zu überwachen und zu lenken;
* zu analysieren;
* zu verbessern.

☞ Hat eine Organisation einen Prozeß ausgegliedert, der die Produktkonformität mit der Qualitätsforderung beeinflußt, muß die

Organisation seine Lenkung sicherstellen. Die Lenkung solcher Prozesse muß in der Darlegung des QM-Systems erkennbar sein.

📖 Diese allgemeinen Forderungen sind im Abschnitt 5.4.2 (Planung des QM-Systems) im einzelnen zu planen.

📖 Diese „Allgemeinen Anforderungen" nach 4.1 sind bis auf die zwei ersten redundant, denn diese Forderungen sind gemäß Norm darzulegen
* für c) in Kapitel 5.6, 7.5, 8.2, 8.4 und 8.5;
* für d) in Kapitel 6.1;
* für e) in Kapitel 8.2;
* für f) in Kapitel 5.6, 8.2, 8.4 und 8.5.

Das bedeutet, daß es bei der Darlegung im Handbuch genügen muß, hinsichtlich der Erfüllung der Darlegungsforderungen c) bis f) auf die angeführten Handbuch-Kapitel zu verweisen.

📖 Die wesentliche Forderung in Kapitel 4.1 besteht darin, die für die Wirksamkeit des QM-Systems erforderlichen Prozesse, Abläufe und Tätigkeiten mit ihrer Abfolge und den Wechselwirkungen zu ermitteln und zu beschreiben.

📖 Das sind alle Abläufe und Tätigkeiten (Prozesse) in der Organisation, die die Leistung der Organisation direkt beeinflussen und von denen die Kundenzufriedenheit abhängt.

📖 Praktisch kann in jedem Kapitel der Norm, insbesondere in den Hauptabschnitten 6, 7 und 8 ein Prozeß des QM-Systems gesehen werden, der für das Funktionieren des Systems erforderlich ist.

📖 Es ist daher zweckmäßig, in diesem Kapitel 4.1 die Prozesse in ihrer Abfolge für die Organisation aufzuzählen und hinsichtlich der Darlegung ihrer Lenkung auf die entsprechenden Kapitel zu verweisen.

Z.B. könnte „Schulung" als Prozeß betrachtet werden. Dann sollte es genügen, dieses Thema mit seinen Teilprozessen, wie z.B. Bedarfsermittlung, Planung der Maßnahmen, Durchführen, Erfolgsbeurteilung - im Kapitel 4.1 kurz aufzuführen und in Kapitel 6.2.2 und

dazugehörenden Dokumenten als Prozeß in Einzelheiten darzulegen.

4.2 Dokumentationsforderungen

4.2.1 Allgemeines

☞ Die Dokumentation zum QM-System muß enthalten:
- dokumentierte Qualitätspolitik und Qualitätsziele
- ein QM-Handbuch
- dokumentierte Verfahren, die von dieser Norm gefordert werden.
  Das bedeutet:
- in Dokumenten festgelegte Verfahren, die zu verwirklichen und
  wirksam zu erhalten sind,
- für das Funktionieren der Prozesse und ihrer Lenkung erforderliche Dokumente, wobei die Dokumente in jeder Form eines Mediums realisiert sein können,
- von der Norm geforderte Aufzeichnungen (4.2.4, früher Qualitätsaufzeichnungen genannt).

☞ Der Umfang der Dokumentation des QM-Systems sollte abhängen
von:
- Größe und Art der Organisation;
- Komplexität und Wechselwirkungen der Prozesse;
- Fähigkeit, also Eignung des Personals.

📖 Als oberster Grundsatz zur Dokumentation für alle Prozesse und
Funktionen in der Organisation sollte gelten:
**Für alle Tätigkeiten sind anweisende Dokumente zu erstellen,
wenn ihr Fehlen die Ergebnisse der Tätigkeiten beeinträchtigen könnte.**

☞ Die Dokumente können in jeder Form oder Art eines Mediums realisiert werden.

4.2.2 Qualitätsmanagement-Handbuch

☞ Es muß ein QM-Handbuch erstellt und aufrecht erhalten werden, das Folgendes enthält:

- Geltungsbereich des QM-Systems einschließlich Einzelheiten und Begründungen für jegliche Ausschlüsse (siehe 1.2 der Norm);
- dokumentierte Verfahren oder Verweise darauf;
- eine Beschreibung der Abfolge und der Wechselwirkung der Prozesse des QM-Systems.

📖 Es ist ein QM-Handbuch zu erstellen und zu pflegen. Es muß enthalten:

* Hinweise auf die Teile der Organisation, die im QM-Handbuch nicht dargelegt sind. Z.B. könnte nur das QM-System des Hauptsitzes der Organisation beschrieben sein, die Zweigniederlassungen aber nicht.
* Die Ausschlüsse sind anzugeben und einzeln zu begründen.
* Das QM-System enthält gemäß Handbuch 4.1 (allgemeine Forderungen) im Hauptabschnitt 7 die Forderungen, die nicht dargelegt werden müssen, weil sie wegen
  - der Art des Produkts;
  - der Kundenforderung;
  - der Forderungen der Gesellschaft;
  nicht organisiert sind.
* Die Forderungen aus Hauptabschnitt 7 der Norm, die nicht im unternehmensspezifischen QM-System organisiert sind, sind hier aufzuzählen und ihr Ausschluß einzeln kurz zu begründen.
* das Handbuch muß enthalten: dokumentierte Verfahren, d.h. Verfahrensanweisungen, oder zweckmäßiger: Verweise auf sie.

* Das Handbuch muß enthalten: Beschreibungen der Abfolgen und der Wechselwirkungen der Prozesse des QM-Systems, oder zweckmäßiger: Verweise auf Ablauf- und Flußdiagramme.

4.2.3 Lenkung von Dokumenten

☛ Die für das QM-System erforderlichen Dokumente müssen gelenkt werden.

☛ Es muß in Dokumenten ein Verfahren festgelegt werden, das zu verwirklichen und wirksam zu erhalten ist, um:
- Dokumente vor ihrer Herausgabe bezüglich ihrer Angemessenheit zu genehmigen;
- Dokumente zu bewerten, nach Bedarf zu aktualisieren und neu zu genehmigen;
- den aktuellen Revisionsstand von Dokumenten zu kennzeichnen;
- sicherzustellen, daß gültige Fassungen zutreffender Dokumente am jeweiligen Einsatzort zur Verfügung stehen;
- sicherzustellen, daß Dokumente lesbar, leicht erkennbar und wiederauffindbar bleiben;
- sicherzustellen, daß Dokumente externer Herkunft gekennzeichnet sind und ihre Verteilung gelenkt wird;
- die unbeabsichtigte Verwendung veralteter Dokumente zu verhindern und sie in geeigneter Weise zu kennzeichnen, falls sie aus irgendeinem Grund aufbewahrt werden.

📖 In der Darlegungsnorm (ISO 9001) ist ganz allgemein die Rede von Dokumenten. Gemeint sind, weit gefaßt, qualitätsbezogene Dokumente, also Dokumente
* mit einer Anweisung für das Qualitätsmanagement oder
* mit einer Qualitätsforderung an ein Produkt oder
* mit Aufzeichnungen von Ergebnissen aus Qualitätsprüfungen.

Man unterscheidet bei qualitätsbezogenen Dokumenten zwei Grundarten. Die eine Dokumentart zum Qualitätsmanagement, die andere zur Qualität:

* qualitätsbezogene Dokumente zum Qualitätsmanagement sind z.B. folgende:
  - QM-Dokument
    Dokument, das die Qualität von Tätigkeiten eines QM-Ablaufelements und/oder QM-Führungselements betrifft.
  - QM-Verfahrensanweisung
    Dokumentierte Festlegung eines Verfahrens, dessen Anwendungsergebnis die Qualität eines Produkts beeinflußt.
  - QM-Nachweisdokument
    Tätigkeitsbezogene Aufzeichnung zur Darlegung der Qualitätsfähigkeit der QM-Elemente und Funktionen.
  - Qualitätsdokument
    Dokument, das die Qualität eines Angebotsprodukts betrifft. Es gibt Qualitätsdokumente mit Qualitätsforderungen an die Produkte und Qualitätsdokumente mit Ergebnissen aus Qualitätsprüfungen an diesen Produkten.
* Zu den qualitätsbezogenen Dokumenten zur Qualität zählen:
  - Produktspezifikation
    Spezifikation, welche die Qualitätsforderung an ein Produkt enthält.
  - Aufzeichnung
    Dokument, das erreichte Ergebnisse oder den Nachweis ausgeführter Tätigkeiten enthält.

📖 Dokumentarten für das ganze Unternehmen festlegen, z.B. Aufgliedern in

* übergeordnete Dokumente, wie Normen, Verordnungen, Gesetze
* auftrags- und produktbezogene Dokumente, wie Zeichnungen, Rezepte, Spezifikationen,
* systembezogene Dokumente, wie Organisationsrichtlinien, Verfahrensanweisungen und Arbeits- und Prüfanweisungen.

📖 Regeln zur Lenkung übergeordneter Dokumente festlegen, vor allem hinsichtlich
* Beschaffung
* Archivierung
* Aktualisierung
* Bereitstellung

📖 Regeln zur Lenkung auftrags- und produktbezogener Dokumente festlegen, vor allem hinsichtlich
* Erstellen
* Prüfen und Genehmigen hinsichtlich
  - Verständlichkeit und Eindeutigkeit;
  - Vollständigkeit;
  - Durchführbarkeit oder Machbarkeit;
  - Verteiler;
* Herausgeben und Einziehen
* Verwalten
  - Kennzeichnen;
  - Archivieren;
* Ändern
* Änderungsbefugnis
* Prüfen und Genehmigen der Änderung hinsichtlich
  - Verträglichkeit mit Beibehaltenem;
  - Verständlichkeit und Eindeutigkeit;
  - Vollständigkeit;
  - Durchführbarkeit oder Machbarkeit;
  - Verteiler;
* Dokumente austauschen
* Änderungen erkennbar machen, z.B. im Dokument kennzeichnen, in Verzeichnissen mit Revisionsstand.

📖 Regeln zur Lenkung systembezogener Dokumente festlegen, z.B.
* Erstellen
* Prüfen und Genehmigen hinsichtlich
  - Verständlichkeit und Eindeutigkeit;
  - Vollständigkeit;

- Durchführbarkeit oder Machbarkeit;
- Verteiler;
* Herausgeben und Einziehen
* Verwalten
    - Kennzeichnen;
    - Archivieren;
* Ändern
* Änderungsbefugnis
* Prüfen und Genehmigen hinsichtlich
    - Verträglichkeit mit Beibehaltenem;
    - Verständlichkeit und Eindeutigkeit;
    - Vollständigkeit;
    - Durchführbarkeit oder Machbarkeit;
    - Verteiler;
* Dokumente austauschen
* Änderungen erkennbar machen, z.B. im Dokument kennzeichnen, in Verzeichnissen mit Revisionsstand.

4.2.4 Lenkung von Aufzeichnungen (früher Qualitätsaufzeichnungen)

Die Qualitätsaufzeichnung ist ein Dokument, das erreichte Ergebnisse angibt oder einen Nachweis ausgeführter Tätigkeiten bereitstellt.

☛ Aufzeichnungen müssen erstellt werden und Bestand haben, um einen Nachweis der Konformität mit den Forderungen und einen Nachweis des wirksamen Funktionierens des QM-Systems bereitzustellen.

☛ Aufzeichnungen müssen lesbar, leicht erkennbar und wiederauffindbar bleiben.

📖 Regeln für die Lenkung qualitätsbezogener Dokumente, der Aufzeichnungen in Verfahrensanweisungen festlegen:

* erstellen der Dokumente
  - formale Gestaltung, Kennzeichnung;
  - Zuständigkeit für die Erstellung;
  - zuständig für die Herausgabe und Verteilung;
  - Verteilerschlüssel festlegen;
* Verwalten der Dokumente
  - Verteiler festhalten und aktualisieren;
  - Ausgaben registrieren;
  - systematische Ablage und Aufbewahrung;
  - Aktualisierung;
  - Archivierung, Archivierungsdauer festlegen;
  - Vernichtung;
* Festlegen des Umfangs und Inhalts je Aufzeichnungsart.

☛ Ein Verfahren muß dokumentiert, verwirklicht und aufrechterhalten werden, um Lenkungsmaßnahmen festzulegen, die erforderlich sind für

● die Kennzeichnung,

● die Aufbewahrung,

● den Schutz,

● die Wiederauffindbarkeit,

● die Aufbewahrungsfrist von Aufzeichnungen,

● die Verfügung über Aufzeichnungen (Verfügung=Vernichtung)

📖 Qualitätsaufzeichnungen müssen

* lesbar sein;

* so aufbewahrt werden, daß sie
  - nicht beschädigt und nicht beeinträchtigt werden;
  - nicht verloren gehen;
  - leicht auffindbar sind;

* Aufbewahrungsdauern müssen festgeschrieben sein.

📖 Anstelle einer textreichen Verfahrensanweisung läßt sich die Verwaltung von Qualitätsaufzeichnungen sehr einfach und übersichtlich tabellarisch in einem Verzeichnis regeln. Das Verzeichnis sollte mindestens die Spalten enthalten:

* Bezeichnung, (Benennungen der Aufzeichnungsart);
* erstellt von (Verfasser, Autor);
* aufbewahrt bei (Standort);
* Aufbewahrungsdauer.

5. Verantwortung der Leitung

5.1 Verpflichtung der Leitung

☞ Die oberste Leitung muß ihre Verpflichtung bezüglich Entwicklung und Verwirklichung des QM-Systems und der ständigen Verbesserung der Wirksamkeit des QM-Systems nachweisen, indem sie:

- der Organisation die Bedeutung der Erfüllung der Kundenforderungen und der gesetzlichen und behördlichen Forderungen (Forderungen der Gesellschaft) vermittelt,
- die Qualitätspolitik festlegt,
- sicherstellt, daß die Qualitätsziele festgelegt werden,
- Managementbewertungen durchführt,
- die Verfügbarkeit von Ressourcen sicherstellt.

📖 Verpflichtungserklärung der obersten Leitung bezüglich Entwicklung und Verwirklichung des QM-Systems und Nachweisen der ständigen Verbesserung seiner Wirksamkeit, in dem sie

* den Mitarbeitern die Bedeutung der Erfüllung der Kundenforderungen, sowie der gesetzlichen und behördlichen Forderungen (Forderungen der Gesellschaft) vermittelt.
Vermittelt werden kann dies in Schulungen, Sitzungen, Betriebsversammlungen, durch Aushang, Rundschreiben oder Mitteilungen der Geschäftsleitung.
Der Nachweis kann z.B. durch zugehörige Dokumente und Protokolle geführt werden.

* Die Geschäftsleitung sollte das Verfahren bestimmen, in dem die Qualitätspolitik turnusmäßig festgelegt und bekannt gemacht wird.

* Die Geschäftsleitung sollte das Verfahren entwickeln, mit dem von der Qualitätspolitik abgeleitet die Qualitätsziele für die ein-

zelnen Bereiche und Funktionen vereinbart und festgelegt werden.

* Die Geschäftsleitung sollte das Verfahren darlegen, nach dem sie die Wirksamkeit des QM-Systems und seine Verbesserung bewertet.

* Die Geschäftsleitung sollte das Verfahren darlegen, durch das die erforderlichen Mittel geplant und bereitgestellt werden (Personal- und Investitionsplanung). Die Planung kann sich z.b. auf Zeiträume aber auch auf Aufträge oder Projekte beziehen.

5.2 Kundenorientierung

☞ Die oberste Leitung muß sicherstellen, daß die Kundenforderungen ermittelt und mit dem Ziel der Erhöhung der Kundenzufriedenheit erfüllt werden (siehe 7.2.1 und 8.2.1).

📖 Hier wird auf die Abschnitte 7.2.1 und 8.2.1 verwiesen. Das irritiert, weil in diesen Abschnitten die Forderungen viel dezidierter vorgegeben werden, als in diesem Abschnitt (5.2). Und weil dort und im Abschnitt 7.2.2 gerade die Forderungen gestellt werden, die in einem funktionsfähigen QM-System ohnehin beachtet werden müssen.

Die Forderungen hier (5.2), sind verbindlich zu erfüllen, die von 7.2.1 können gemäß Punkt 1.2 der Norm bei der Darlegung ausgeschlossen werden.

📖 Zur Darlegung der Forderungen zur Kundenorientierung ist auf die Forderungen mit den Nummern 7.2.1, 7.2.2, 7.2.3, 7.3.2 zu verweisen.

Es ist daher unzweckmäßig, in diesem Abschnitt (5.2) die Behandlung der Kundenforderungen umfassend darzulegen.

📖 Wenn dennoch ausnahmsweise zweckmäßig, gilt:

Die Kundenzufriedenheit und damit die Kundenforderungen können sich beziehen auf z.B.:

* Qualität der Angebotsprodukte;

* Termintreue;

* Angemessene Preise;

* Flexibilität;

* Kundenberatung und Kundenbetreuung;

* Einsatz von Werkzeugen und Methoden der Qualitätstechnik;

* Zertifizierung des QM-Systems;

* QM-Vereinbarungen, Vereinbarungen mit Kunden zur Festlegung der Zuständigkeiten für Aufgaben des Qualitätsmanagements.

Die vier Forderungen aus 7.2.1 und die drei aus 7.2.2 sind ebenda zu behandeln.

Die Geschäftsleitung muß ein Verfahren (als Geschäftsprozeß) entwickeln, durch das die Kundenforderungen möglichst vollständig ermittelt werden:

* mit Hilfe von z.B. Fragen- und Checklisten mit Zwangslauf für alle Beteiligten,

* mit Hilfe umfassender Prüfungen durch die die Kundenzufriedenheit erhöht wird, wenn die Erfüllung der Kundenforderungen dadurch gesichert ist.

Kriterien für die Prüfung der Kundenforderungen sind:

* Vollständigkeit,

* Eindeutigkeit,

* Erfüllbarkeit oder Machbarkeit,

* Verständnis und Einvernehmen,

* Verträglichkeit mit behördlichen und gesetzlichen Auflagen.

Die Erhöhung der Kundenzufriedenheit soll im Abschnitt 8.2.1 gemessen werden, deswegen sollte hier der Hinweis auf diesen Abschnitt genügen.

5.3 Qualitätspolitik

☛ Die oberste Leitung muß sicherstellen, daß die Qualitätspolitik
- für den Zweck der Organisation angemessen ist,
- eine Verpflichtung zur Erfüllung von Forderungen und zur ständigen Verbesserung der Wirksamkeit des QM-Systems enthält,
- einen Rahmen zum Festlegen und Bewerten von Qualitätszielen bietet,
- allen beteiligten Ebenen der Organisation vermittelt und verstanden wird,
- auf ihre fortdauernde Angemessenheit bewertet wird.

📖 Qualitätspolitik bezieht sich als Teil der Unternehmenspolitik auf umfassende qualitätsbezogene Absichten und Zielsetzungen der Organisation (siehe auch 5.2).

📖 Es muß sichergestellt sein, daß die Qualitätspolitik und Ziele auf allen Ebenen der Organisation verstanden werden, in dem man sie dem Personal vermittelt durch z.B.
- * Aushang, Rundschreiben, Firmenschriften,
- * Betriebsversammlungen,
- * Schulungen.

📖 Qualitätspolitik muß Ziele für wichtige QM-Elemente als Leitlinien für Qualitätsmanagement-Grundsätze setzen, die so konkret sein müssen, daß sie direkt umgesetzt und gemessen werden können.

📖 Als QM-Elemente oder Elemente des QM-Systems der Organisation kommen z.B. in Betracht:
- * Dokumentationsregeln;
- * Verpflichtungen der obersten Leitung;
- * Kundenorientierung;
- * Qualitätsziele;
- * Qualitätsplanung;
- * Zuständigkeit (Verantwortung und Befugnis);
- * interne Kommunikation;
- * Qualitätsaufzeichnungen;

* Qualitätsmanagement-Bewertung;
* Personal;
* Schulung;
* technische Ausrüstung;
* Planung der Realisierungsprozesse;
* Entwicklungsplanung;
* Entwicklungsbewertung, -Verifizierung, -Validierung;
* Beschaffung;
* Produktion;
* Dienstleistungserbringung;
* Rückverfolgbarkeit;
* Produktkonservierung (Handhabung);
* Prozeßvalidierung;
* Prüfmittel;
* Messen und Überwachen
  - Kundenzufriedenheit;
  - interne Audits;
  - Prozesse;
  - Produkte;
* Fehlermanagement;
* Daten- und Informationsmanagement;
* Verbesserungsprozesse;
* Korrekturmaßnahmen;
* Vorbeugungsmaßnahmen;
* Verbesserungsmaßnahmen.

📖 Die Qualitätspolitik muß mit Zielsetzungen und Verpflichtungen dokumentiert sein und Grundsatzerklärungen der Geschäftsleitung zur Qualitätspolitik und zu Unternehmenszielen enthalten, Umwelt und Arbeitssicherheit eingeschlossen.

5.4 Planung (des QM-Systems)

In der Norm ist nur sehr unbestimmt von Planung die Rede. Gemeint ist die Planung des QM-Systems.

Auch „Qualitätsplanung" ist irreführend, da Qualität weder planbar noch gemeint ist. Es soll dargelegt werden, wie das QM-System der Organisation geplant wird, und dazu gehört vor allem die Planung der Qualitätsziele und die Planung des QM-Systems.

5.4.1 Qualitätsziele

☞ Die oberste Leitung muß sicherstellen, daß für alle an der Qualität des Angebotsprodukts beteiligten Funktionen auf allen Ebenen Qualitätsziele festgelegt werden, einschließlich derer, die für die Erfüllung der Forderungen an Produkte erforderlich sind

☞ Die Qualitätsziele müssen so konkret sein, daß sie gemessen werden können.

☞ Außerdem müssen sie mit der Qualitätspolitik und mit der Verpflichtung zur ständigen Verbesserung in Einklang stehen.

☞ „Zu den Qualitätszielen müssen diejenigen Ziele gehören, die zur Erfüllung der Forderungen für Produkte erforderlich sind". Der letzte Satzteil ist unverständlich und könnte lauten: .., die die Erfüllung der Qualitätsforderung an Produkte erforderlich machen.

📖 Qualitätsziele der Organisation sind im Rahmen der Qualitätspolitik zu berücksichtigender Bestandteil der Qualitätsforderung:
   * an das Angebotsprodukt bezüglich Merkmalsgruppen, wie z.B.
     - leichte Bedienbarkeit;
     - Zuverlässigkeit und Lebensdauer;
     - Sicherheit;
     - Leistung und Funktion;
     - Wartbarkeit und Instandhaltung;
     - Umweltverträglichkeit;
     - Wiederverwertbarkeit;
     - Sparsamkeit beim Mittelverbrauch;

* an QM-Elemente des QM-Systems, wie z.B.
  - Fehlermeldesystem;
  - Fehlerkosten;
  - Vorbeugungsmaßnahmen;
  - interne und externe Kommunikation;
  - Qualitätsverbesserung;
  - Unternehmenskultur;
  - Prozeßplanung mit Umsetzung und Bewertung.

Über die Forderungen der Norm hinausgehend genügt die Erfüllung der Qualitätsforderung alleine künftig nicht mehr. Um Kundenzufriedenheit zu erreichen, sind Kundenforderungen zu planen und zu erfüllen, wie z.b.
* Termintreue;
* angemessene Preise;
* Flexibilität;
* Kundenberatung/Kundenbetreuung;
* Darlegung und Zertifizierung des QM-Systems;
* Einsatz von Werkzeugen und Methoden der Qualitätstechnik und Management-Techniken.

5.4.2 Planung des QM-Systems

☞ Die oberste Leitung muß sicherstellen, daß

● die Planung des QM-Systems erfolgt, um die in Abschnitt 4.1 angegebenen Forderungen zu erfüllen und die Qualitätsziele zu erreichen,

● die Funktionsfähigkeit des QM-Systems aufrechterhalten bleibt, wenn Änderungen am QM-System geplant und umgesetzt werden.

Es sind alle Tätigkeiten und Abläufe in der Organisation als Prozesse zu betrachten, also
* Herstell- oder Produktionsprozesse, in denen materielle Produkte erzeugt werden;

* Dienstleistungsprozesse, in denen immaterielle Produkte (Dienstleistungen) durch Tätigkeiten erbracht werden;
* Geschäftsprozesse, in denen durch Tätigkeiten Materialien, Energien oder Informationen transportiert oder umgeformt werden.

Die Prozesse sind zu planen, um die in Abschnitt 4.1 vorgegebenen allgemeinen Forderungen an QM-Systeme zu erfüllen.

☞ Diese allgemeinen Forderungen betreffen gemäß 4.1:
• Bestimmen der für das QM-System erforderlichen Prozesse,
• Erkennen der Abfolge und Wechselwirkungen der Prozesse,
• Festlegen der Kriterien und Methoden, um die Prozesse wirksam zu machen und zu lenken,
• Überwachen, Messen und Analysieren der Prozesse,
• Maßnahmen entwickeln, um die geplanten Ergebnisse und ständige Verbesserungen dieser Prozesse zu erreichen,
• Bereitstellen von Mitteln und Informationen, die für die Prozesse und ihre Überwachung benötigt werden.

📖 Von den Forderungen gemäß 4.1 ist für die Planung des QM-Systems ableitbar:
* Es sollten alle Prozesse in die Planung einbezogen werden, die zur Kundenzufriedenheit und zur Wertschöpfung auch nur indirekt beitragen.
* Bei der Planung sind Abfolge, Wechselwirkungen und Beziehungen der Prozesse zu beachten und aufzuzeigen, z.B. in Ablaufplänen, Flußdiagrammen, Prozeßbeschreibungen.
* Planen der Kriterien und Methoden; um Prozesse wirksam zu machen und zu lenken, z.B. durch Planen von
  - Verfahrensanweisungen (VA),
  - Arbeitsanweisungen (AA),
  - Ablaufplänen,
  - Flußdiagrammen,
  - Entscheidungskriterien für die Lenkung der Prozesse planen.

* Planen der Prozeßüberwachung und der Maßnahmen, die vorgegebenen Ergebnisse und Verbesserungen zu erreichen, durch Planen von Verfahren zur Analyse, Messung und Bewertung der Prozesse und ihrer Ergebnisse.
* Planen der einzusetzenden Mittel.

☞ Bei Einführung von Neuerungen in der Aufbau- und Ablauforganisation ist die Funktionsfähigkeit des QM-Systems zu gewährleisten.

📖 Organisatorische Neuerungen beziehen sich regelmäßig auf Änderungen von Verfahren und Abläufen. Es ist daher ratsam und eigentlich auch selbstverständlich,
* die Neuerungen zu planen, d.h. möglichst alle zu erwartende Probleme und mögliche Lösungen im Voraus zu überdenken und zu dokumentieren.
* Erstellen und probeweise einführen von Verfahrensanweisungen und Formblättern.
* Diskussion und Schulung der Neuerung.
* Realisieren, Umsetzen der Neuerung.
* Bewerten der Neuerung hinsichtlich Wirksamkeit und Verträglichkeit mit dem bisherigen System und seinen Regelungen und mit Forderungen der Gesellschaft.
* Ändern aufgrund der Bewertungsergebnisse
* Bewertung der Änderungsergebnisse.

📖 Bei der Planung des QM-Systems und seinen Änderungen bietet sich die System-FMEA für Prozesse an!

📖 Hinweis auf Kapitel 5.5.2 (siehe auch 9.3).

📖 Bei der Planung des QM-Systems ist von einem schon existierenden QM-System auszugehen. Deswegen ist es ratsam, bei der Planung nach folgenden Programmschritten vorzugehen:
1. Ist-Zustand erfassen,
2. Schwachstellen erkennen und analysieren, einschränkende Bedingungen auflisten,

3. Ziele formulieren, auf unerwünschte Entwicklungen hinweisen,

4. Änderungen planen mit Einzelmaßnahmen wie
   * Schulungen,
   * Motivationsprogramme,
   * Prozeß-Änderungen,
   * Investitionen,
   * Schnittstellenprobleme regeln,
   * Verbesserungsmaßnahmen anordnen,
   * Anweisungen und Formblätter erstellen,
   * Kennzahlen entwickeln,
   * Prüfmethoden vorgeben.

Zu allen Programmschritten ist grundsätzlich festzulegen:
   * Zuständigkeiten, d.h., Verantwortung und Befugnis,
   * Termine,
   * Einzelziele je Funktionsbereich

5.5 Verantwortung, Befugnis und Kommunikation

5.5.1 Verantwortung und Befugnis

☞ Die oberste Leitung muß sicherstellen, daß Verantwortung und Befugnis in der Organisation festgelegt und bekannt gemacht werden.

📖 Darlegen der Aufbauorganisation in Organigrammen ohne Namen der Stellen- oder Funktionsinhaber.

   * Die Kästchen im Organigramm mit Funktionskurzzeichen versehen, um sich in anderen Dokumenten eindeutig und einfach darauf zu beziehen.

   * Zu den Organigrammen ist grundsätzlich ein aktueller Stellen- (oder besser) Funktionenplan mit den Namen der Funktionsinhaber oder Funktionsleiter zu erstellen. Stattdessen ist jedoch der Aufgaben- und Funktionenplan zweckmäßiger (siehe weiter unten).

📖 Festlegen von Verantwortung und Befugnis, was zusammengefaßt im Deutschen mit Zuständigkeit bezeichnet wird, für das gesamte Personal, das auch an der Wertschöpfung nur indirekt beteiligt ist, wie z.B. das der Verwaltung.

📖 Üblicherweise werden die Zuständigkeiten in Stellenbeschreibungen festgelegt. Es gibt gewichtige Gründe Stellenbeschreibungen zu meiden:

* Dieser Begriff ist tarifpolitisch verbraucht, d.h. jede Stellenbeschreibung oder ihre Änderung bedarf der Zustimmung des Betriebsrates, was allgemein hinderlich sein könnte.

* Stellenbeschreibungen sind vielfach unbefriedigend - vor allem für den Ersteller und für den Stelleninhaber.

* Sie werden oft in der Weise als verbindlich angesehen, daß der Stelleninhaber keine weiteren, der Organisation förderlichen, aber nicht festgeschriebenen Aufgaben zu erfüllen braucht.

* Der Begriff Stelle sollte im Prozeßdenken verschwinden. Funktionen sind angesagt, die in der Organisation ein Ergebnis bewirken.

* Statt Stellenbeschreibungen ist zur Gesamtübersicht eine Zuständigkeitsmatrix in Form einer Organisationsrichtline oder Organisationsanweisung zweckmäßiger. Ein Beispiel:

Aufgaben	Funktionen mit Kurzzeichen					
	A	B	C	D	E	

In den Matrixfeldern können zusätzlich für jede Aufgabe eingetragen werden:
- ein D für Durchführungsverantwortung,
- mehrere M für Mitwirkungsverantwortung,
- mehrere I für Informationsberechtigung.

📖 Um bei Aufgaben und Funktionen bezüglich der Zuständigkeiten ins Detail gehen zu können, ist der Aufgaben- und Funktionenplan als Organisationsrichtlinie oder Organisationsanweisung besonders zu empfehlen. Ein Beispiel für seine Gestaltung:

Aufgaben und Funktionen	Kurzzeichen	Zuständigkeit Vertreter

Geschäftsleitung
* Gesamtleitung des Unternehmens
  - Festlegen der Aufbauorganisation
  - Festlegen der Ablauforganisation
  - Personal- und Investitionsplanung
* Bewerten des QM-Systems
* Festlegen und Bewerten von Zielen für das Unternehmen
* Überwachen der Betriebsabläufe
* Akquisition bei potentiellen Kunden
	GL	Meier
		Müller

QM-Beauftragter * Erhaltung und Verbesserung des QM-Systems * Berichten an die Geschäftsleitung * Durchführen interner Audits * Veranlassen und Überwachen von Korrektur- und Verbesserungsmaßnahmen * Ständiges Mitglied des Führungskreises	QMB	Schulze Huber

5.5.2 Beauftragter der obersten Leitung (QMB)

☛ Die oberste Leitung muß ein Leitungsmitglied benennen, das unabhängig von anderen Zuständigkeiten, zuständig ist dafür

• daß die für das QM-System erforderlichen Prozesse eingeführt, verwirklicht und aufrechterhalten werden,

- daß der obersten Leitung über die Leistung des QM-Systems und jegliche Notwendigkeit für Verbesserungen berichtet wird,
- daß das Bewußtsein über die Kundenforderungen in der gesamten Organisation gefördert wird.
- Anmerkung in der Norm: Der QMB kann bezüglich des QM-Systems auch Verbindungen zu externen Organisationen pflegen.

📖 Was die Anmerkung mit der Darlegung zu tun haben könnte, ist so sinnlos, daß sie nicht beachtet werden sollte.

📖 Unter „Leitungsmitglieder" sind Führungskräfte auf der Ebene unterhalb der Geschäftsleitung zu verstehen. Es ist aus unternehmerischen Gründen hier kein Mitglied der Geschäftsleitung zu engagieren.

📖 Wahl und Bestellung des Beauftragten (QM-Beauftragter, besser wäre System-Beauftragter, auf keinen Fall „Qualitätsbeauftragter") aus dem Kreis der Führungskräfte, nachweisen durch
* Ernennungsschreiben
* Aushang
* Sitzungsprotokolle

📖 Organisatorische Einordnung des Beauftragten in die Aufbauorganisation (Organigramm). Eine Personalunion mit dem Leiter des Qualitätswesen ist häufig.

📖 Zuständigkeiten des Beauftragten gesondert, also auch neben der Zuständigkeitsmatrix festlegen.
* Seine Zuständigkeiten sind weniger qualitätsorientiert, sondern mehr auf das QM-System und seine Prozesse gerichtet:
  - Sicherstellen, daß das QM-System und seine Prozesse geplant und verwirklicht werden und funktionsfähig bleiben;
  - Überwachen des QM-Systems hinsichtlich Funktion und Schwachstellen;
  - die Unternehmensleitung über die Leistungsfähigkeit des QM-Systems informieren;
  - Überwachen der Umsetzung der Forderung der Darlegungsnorm;

- Erhalt der Zertifizierung;
- Überwachen der Umsetzung und Wirksamkeit der von der Unternehmensleitung angeordneten Korrekturen im QM-System.

* Zur Lösung seiner Aufgaben hat der Beauftragte die Befugnis:
- Zugang zu allen qualitätsbezogenen Daten und Informationen;
- interne Audits durchzuführen oder zu veranlassen;
- Audits auszuwerten und die Verwirklichung zielgerichteter Korrekturen bei der Unternehmensleitung einzufordern;
- bei Änderungen der Aufbau- und Ablauforganisation in allen Geschäftsbereichen bei der Unternehmensleitung einzusprechen, wenn Änderungen mit dem dokumentierten QM-System unverträglich sind oder seine Funktionsweise beeinträchtigen können.

Beobachten und bewerten der internen Kommunikation und ihrer Wirksamkeit bezüglich aller Prozesse, die die Kundenzufriedenheit beeinflussen könnten.

5.5.3 Interne Kommunikation

Die oberste Leitung muß sicherstellen, daß geeignete Kommunikationsprozesse innerhalb der Organisation geplant und verwirklicht werden und daß über die Wirksamkeit des QM-Systems kommuniziert wird.

Zum abstrakten Begriff „Kommunikation" erscheint es zunächst zweckmäßig zu erklären, daß damit die „Verständigung untereinander" gemeint ist, also der gegenseitige Austausch von Informationen in allen Bereichen, auf und zwischen allen Ebenen der Organisation.

Außerdem sollte zur Planung und Verwirklichung der Kommunikationsprozesse von der obersten Leitung der Grundsatz beschlossen und vorgegeben werden:

Überall da, wo

* fehlende Informationen,

* falsche Informationen,

* falsch verstandene Informationen

zu Fehlern führen können, muß für den Austausch der Informationen festgelegt werden:

1. Art und Inhalt der Information,
2. Nutzung der Information,
3. Sender/Empfänger,
4. Mittel und Wege der Information,
5. Zeitpunkt und Bedingungen für den Informationsfluß.

Da interne Kommunikation eines der wichtigsten Elemente im QM-System einer jeden Organisation ist, sollten alle Kommunikationsprozesse in der Organisation ermittelt werden.

Für jeden Kommunikationsprozeß sollten dann fallweise die fünf Forderungen für den Informationsaustausch in die Verfahrensanweisungen eingearbeitet oder in besonderen Verfahrensanweisungen festgelegt werden, also z.B. für

1. Art und Inhalt der Information könnten z.B. Prüfergebnisse, Hinweise, Entscheidungen, Mitteilungen sein, die für einen Prozeß oder eine Tätigkeit typisch sind.

2. Nutzung der Information, z.B. als Eingabe (Input) für den nachfolgenden Prozeß.

3. Sender/Empfänger, wer hat die Informationspflicht, welche Empfänger kommen in Betracht (Verteiler).

4. Mittel und Wege der Information, wie, auf welchem Wege, mit welchem Medium wird informiert.

5. Zeitpunkt und Bedingungen, zu welchem Zeitpunkt oder aufgrund welchen Ereignisses ist zu informieren.

Ein wesentlicher Teil der Internen Kommunikation erfolgt über Dokumente, deswegen sollte bei der Darlegung über das WIE der Kommunikation das Kapitel 4.2.3 mit herangezogen werden.

5.6 Managementbewertung

Die ständige Bewertung des QM-Systems sollten oberste Leitung und Führungskräfte als besonders wirksames Werkzeug zum eigenen Nutzen einsetzen. Zweckmäßigerweise sollte bei den wiederholten Bewertungen mit Kennzahlen gearbeitet werden.

5.6.1 Allgemeines

☞ Die oberste Leitung muß das QM-System in geplanten Abständen bewerten, um dessen fortdauernde Eignung, Angemessenheit und Wirksamkeit sicherzustellen. Bei dieser Bewertung muß der Änderungsbedarf für das QM-System der Organisation einschließlich der Qualitätspolitik und der Qualitätsziele ermittelt werden.

☞ Diese Bewertung muß die Verbesserungsmöglichkeiten des QM-Systems und seinen Änderungsbedarf einschließlich der Qualitätspolitik und der Qualitätsziele enthalten.

☞ Aufzeichnungen über die Bewertung müssen aufrechterhalten werden (siehe 4.2.4).

📖 Die oberste Leitung muß Verfahren für die Bewertung des QM-Systems planen, um
  * seine ständige Eignung;
  * die Angemessenheit des Systems;
  * und seine Wirksamkeit
in festgelegten Intervallen zu bewerten.

📖 Die Bewertung muß den Änderungsbedarf für das QM-System erkennen lassen hinsichtlich z.B.:
  * Qualitätspolitik
  * Qualitätsziele
  * Qualitätsmanagement-Grundsätze
  * Aufbau- und Ablauforganisation;
  * Angemessenheit von Personal und Mitteln;

* Grad der Verwirklichung des QM-System;
* erreichte Produktqualität
* Kundenzufriedenheit;
* interne Kommunikation.

📖 Zur Bewertung festlegen:
* Häufigkeit der Verfahren
* Diskussion der Ergebnisse
* Diskussion von Korrekturen
* Diskussion der Wirksamkeit von Korrekturen.

📖 Die Bewertung muß aufgezeichnet werden (4.2.4).

5.6.2 Eingaben für die Bewertung

☞ Die Eingaben für die Bewertung müssen Informationen enthalten zu
* Ergebnissen von Audits;
* Rückmeldungen von Kunden;
* Leistung von Prozessen und Produktkonformität;
* Status von Vorbeugungs- und Korrekturmaßnahmen
* Folgemaßnahmen vorangegangener Managementbewertungen;
* Änderungen, die sich auf das QM-System auswirken könnten und
* Empfehlungen für Verbesserungen.

📖 In die Bewertungsverfahren müssen Informationen und Daten eingehen und zwar:
* Ergebnisse von Audits des QM-Systems;
* Rückmeldungen von Kunden, vor allem z.B. aus Befragungsaktionen;
* Ergebnisse von Prozeß- und Produktanalysen oder z.B. von System-FMEAs für Prozesse und Produkte, Fehlerquoten, Ausfallzeiten und Ausfallmengen, Nacharbeiten, Kundenreklamationen;

* Stand und Wirksamkeit von Vorbeugungs- und Korrekturmaßnahmen;
* Stand und Wirksamkeit der Folgemaßnahmen vorausgegangener Bewertungen;
* Z.B. technisch, wirtschaftlich, rechtlich oder ISO-bedingte
Änderungen, die sich auf das QM-System und seine Darlegung
auswirken könnten;
* Verbesserungsmöglichkeiten
  - im QM-System
  - bei Prozessen
  - bei Produkten.

📖 Die Ergebnisse der Bewertung müssen zu Maßnahmen führen bei
* der Verbesserung des QM-Systems und seiner Prozesse,
* der Produktverbesserung in Bezug auf Kundenforderungen,
* der Bereitstellung von Mitteln.

5.6.3 Ergebnisse der Bewertung

☞ Die Ergebnisse der Bewertung müssen Entscheidungen und Maß-
nahmen zu Folgendem enthalten:
• Verbesserung der Wirksamkeit des QM-Systems und seiner
Prozesse,
• Produktverbesserung in Bezug auf Kundenforderungen, und
• Bedarf an Ressourcen.

📖 Die Ergebnisse der Bewertung müssen zu Entscheidungen und
Maßnahmen führen, mit den Zielen
* Verbesserung der Wirksamkeit des QM-Systems und seiner
Prozesse,
* Verbesserung der Produkte in Bezug auf Erfüllung der Kunden-
forderungen,
* Bestimmung des Bedarfs an personeller und technischer Aus-
rüstung.

📖 Ergebnisse der Bewertung sind Qualitätsaufzeichnungen (4.2.4).

📖 Die Ergebnisse der Bewertung sollten als Kennzahlen vorliegen.

* Zur Kennzahl gehört immer eine Einheit oder Benennung.
* Kennzahlen sind meist Verhältnis- oder Beziehungszahlen und auch
  - Kennzahlen der Lage (Mittelwerte)
  - Kennzahlen der Streuung (Spannweite, Standardabweichung)

6. Management von Ressourcen

6.1 Bereitstellung von Ressourcen

☞ Es muß der Bedarf an Ressourcen (Mitteln) ermittelt und die erforderlichen Ressourcen müssen bereitgestellt werden, um
- das QM-System zu verwirklichen und
- es funktionsfähig zu halten
- seine Wirksamkeit ständig zu verbessern
- die Kundenzufriedenheit durch Erfüllen der Kundenforderungen zu erhöhen.

📖 Für die vier zuvor genannten Ziele ist für die drei Bereiche
* Personal
* Infrastruktur
* Arbeitsumgebung
der Bedarf zu ermitteln.
Wie dies geschieht, ist in den Kapiteln 6.2 bis 6.4 darzulegen.
Die Forderung nach Ermittlung des Bedarfs an Ressourcen, um das QM-System zu verwirklichen, vermittelt den fälschlichen Eindruck, als wäre der Bedarf für eine auf der grünen Wiese neu zu bauende Fabrik zu ermitteln. Das ist praxisfremd.
Tatsächlich kann es hier nur um den zusätzlichen Bedarf an Ressourcen (Mittel und Personal) gehen, weil z.B. ein neuer Auftrag oder ein neues Projekt von der Organisation zu bearbeiten ist. Der Bedarf wird daher regelmäßig mit der Planung eines neuen Auftrags oder eines neuen Projekts zu ermitteln sein, z.B. im Zusammenhang mit der Ermittlung der Forderungen der Kunden gemäß Kapitel 7.2, also

📖 Bedarfsermittlung im Zuge der Planung neuer Aufträge und Projekte

* zusätzlicher Bedarf für die Auftragsabwicklung
* zusätzlicher Bedarf für die Produktion
* zusätzlicher Bedarf für die Abläufe bei Dienstleistungen und Tätigkeiten
* zusätzlicher Bedarf für Prüfungen gemäß Prüfplanung
* zusätzlicher Bedarf gemäß Qualitätsplanung zum System (5.4.2).

6.2 Personelle Ressourcen

6.2.1 Allgemeines

☛ Personal mit qualitätsrelevanten Aufgaben muß aufgrund angemessener
- Ausbildung
- Schulung
- Fertigkeiten
- Erfahrungen,
  fähig sein.

📖 Die Fähigkeiten der Mitarbeiter, die Führungskräfte eingeschlossen, für ihre Tätigkeiten erreichen diese durch
* Ausbildung zur Fachkraft, wie z.B. als
  - Facharbeiter
  - Fachverkäufer
  - Fachingenieur
  was durch Zeugnisse und Zertifikate (Personal-Ordner) belegt werden kann.
* Interne und externe Schulung zu fachspezifischen Themen für Fachkräfte und tätigkeitsbezogene Unterweisungen für Hilfskräfte z.B. durch
  - Schulungsprogramme mit Teilnahmebestätigung
  - Protokolle von Unterweisungen mit Teilnehmerlisten
  nachweisbar in Personal- oder Schulungsordner.

* Notwendige Fertigkeiten erlangen die Mitarbeiter durch Training mit Unterweisung z.B. bei
  - Schweißer-Lehrgängen
  - CAD- und CAQ-Lehrgängen.

  Vor allem anzulernende Hilfskräfte sollten zu Beginn ihrer Tätigkeiten oder bei neuen Aufgaben systematisch trainiert werden, was zu belegen ist.
* Erfahrungen sammeln die Mitarbeiter in vielen Jahren der Berufspraxis. Auch das sollte belegt werden können.

6.2.2 Fähigkeit, Bewußtsein und Schulung

☛ Es muß der Bedarf notwendiger Fähigkeiten des Personals ermittelt werden.

📖 Zur Bedarfsermittlung sollten die Forderungen an die Funktionen (Stellen oder Arbeitsplätze) ermittelt werden, wie sie sich aus der Beschreibung von Aufgaben, Tätigkeiten und Arbeitsabläufen ergeben, dargelegt in Kapitel 5.5, wobei die für die Unternehmensleistung bedeutsamen Prozesse schon gemäß den Forderungen von Kapitel 4.1 zu erfassen sind.

Einzelheiten sollten insbesondere aus den Verfahrens- und Arbeitsanweisungen ableitbar sein.

☛ Für die Deckung des Bedarfs an Schulungen sorgen oder andere Maßnahmen ergreifen.

📖 Der Schulungsbedarf, Training und Unterweisung eingeschlossen, ist regelmäßig von den Führungskräften, ihren Eigenbedarf eingeschlossen, für ihren Bereich zu ermitteln und z.B. in Schulungsrahmenplänen der obersten Leitung zur Genehmigung vorzulegen.

📖 Bei der Bedarfsermittlung sind z.B. folgende Kriterien und Anlässe für Schulungen denkbar:
* Erkennen von Schwachstellen aufgrund von Fehlern
* Erkennen von Schwachstellen bei Audits

* Defizite bei Kenntnissen und Informationen der Führungskräfte
* Einstellung neuer Mitarbeiter
* Einführung neuer Produkte
* Anschaffung neuer technischer Ausrüstung
* Einführung neuer Methoden und Abläufe
* Wiederholungsschulungen
* Vertrautmachen mit den systembezogenen Dokumenten
* Angebote externer Schulungsinstitute und Trainer
* Bewerbungen von Mitarbeitern für Weiterbildungsmaßnahmen.

Nach Genehmigung des Schulungsbedarfs ist die Schulung mit Abstimmung der Themen und Termine für die Mitarbeiter zu planen.

Die mit der Schulung zusammenhängenden Aufgaben sind im Aufgaben- und Funktionenplan (Kapitel 5.5) zu dokumentieren.

Externe und interne Schulungen sind zu veranlassen, zu organisieren und der Nachweis für ihre Durchführung durch Teilnahmebescheinigungen, Zertifikate und Protokolle zu führen (Lenkung von Aufzeichnungen 4.2.4).

☛ Die Wirksamkeit der Schulungsmaßnahmen ist zu beurteilen.

Die Beurteilung kann z.B. durch ein dokumentiertes Gespräch mit dem Geschulten, durch einen Kurzbericht oder durch einen Standard-Fragenkatalog erfolgen.

Bei handwerklichen Trainingsmaßnahmen ist oft das tatsächliche oder praktische Arbeitsergebnis beurteilbar.

☛ Dem Personal sind Bedeutung und Wichtigkeit seiner Tätigkeit bewußt zu machen. Es muß wissen, wie es zum Erreichen der Qualitätsziele beiträgt.

Förderung des Qualitätsbewußtseins der Mitarbeiter und Motivation
* durch Informationen über
  - neue Produkte

- neue Kunden
- neue Verfahren
- Probleme und deren Lösung
- Situation der Organisation
* durch Information über mittel- und langfristige Unternehmensplanung
  - Ziele mit Begründung
  - Organisatorische Änderungen mit Begründung
  - Lob und Anerkennung einzelner Mitarbeiter mit Begründung

📖 Förderungsmaßnahmen
* Schulungen
* Informationsveranstaltungen
* Qualitätszirkel und Workshops
* Wettbewerbe
* Arbeitsinhalte erklären mit den Folgen, wenn etwas schiefgeht. Diese Erklärungen für die Mitarbeiter dokumentieren, damit sie nachvollziehbar bleiben.

6.3 Infrastuktur

☛ Es muß die Infrastruktur ermittelt, bereitgestellt und funktionsfähig gehalten werden, um die Qualitätsforderungen an Angebotsprodukte zu erfüllen. Zur Infrastruktur gehören:

- Gebäude, Arbeitsräume, Versorgungs- und Entsorgungseinrichtungen, Anlagen,
- technische Ausrüstung mit Maschinen, Geräten und Werkzeugen, Hardware und Software,
- unterstützende Dienstleistungen wie Transport oder Kommunikationsmittel.

📖 Die Einzelheiten der Infrastruktur sind zu planen, z.B. mittels Pflichtenheften oder Forderungskatalogen, um Ziele und Forderungen zu konkretisieren z.B. in Daten zu Leistungen, Kapazitäten, Sicherheit, Wirtschaftlichkeit, Produktivität und Verfügbarkeit.

📖 Nach der Planung ist die bereitzustellende technische Ausrüstung als Teil der Infrastruktur z.B. gemäß Pflichtenheft zu beschaffen.

* Es ist darzulegen, wie die geplanten Investitionen beschafft werden (siehe auch 6.1). Falls angemessen, kann man die Planungs- und Beschaffungstätigkeiten als Prozeß darlegen.

* Die Beschaffung im Kapitel 7.4 bezieht sich auf Produktionsmaterial und Zulieferungen, also nicht auf Ressourcen.

📖 Neben der Planung und Bereitstellung/Beschaffung ist darzulegen, wie die Infrastruktur oder Teile davon funktionsfähig gehalten werden, wie also die Verfügbarkeit durch Instandhaltung gewährleistet werden soll.

* Bei Instandhaltung ist zu unterscheiden
  - Wartung, Maßnahmen zu Bewahrung des Sollzustandes,
  - Inspektion, Maßnahmen zur Festlegung des Istzustandes,
  - Instandsetzung (Reparatur), Maßnahmen zur Wiederherstellung des Sollzustandes.

* So weit angemessen und zutreffend kann systematische Instandhaltung als Prozeß betrachtet werden, der für die Organisation und die Kundenzufriedenheit bedeutsam ist.

* Systematische Instandhaltung kann z.B. umfassen:
  - Erfassen (Katalogisieren) der Teile der technischen Ausrüstung, die der systematischen Instandhaltung unterliegen sollen.

* Entwickeln von Instandhaltungsplänen mit Intervallen für
  - Wartung und
  - Inspektion
  zweckmäßigerweise z.B. mit Checklisten für die Dokumentation.

* Erstellen von Verfahrens- und Arbeitsanweisungen mit Zuständigkeiten und Beschreibung der Instandhaltungstätigkeiten.

* Vorgabe der Aufzeichnungen bezüglich Inhalt und Umfang von Tätigkeiten der Inspektion, Wartung, Instandsetzung mit Ersatzteilbedarf.

* Planen der Werkzeugüberwachung (siehe auch Kapitel 7.4, Letztstückprüfung).

6.4 Arbeitsumgebung

☞ Es muß die Arbeitsumgebung ermittelt, bereitgestellt und aufrechterhalten werden, die zum Erreichen der Konformität mit den Qualitätsforderungen an die Angebotsprodukte erforderlich ist. (Wie kann man die Arbeitsumgebung ermitteln, bereitstellen und, wenn sie miserabel ist, aufrechterhalten?).

📖 Es sind die Arbeitsbedingungen zu analysieren, hinsichtlich Arbeitssicherheit und persönlicher Belastungen durch Umweltbedingungen und Einflüsse zu beurteilen.

📖 Je nach Beurteilung und fallweise möglicher Verbesserung der Arbeitsbedingungen sind verwirklichte Verbesserungen darzulegen.

7. Produktrealisierung

In Kapitel 1.2 der Norm, Fassung 2000, befindet sich ein wichtiger Hinweis:

„Wenn sich auf Grund des Charakters einer Organisation und ihrer Produkte eine oder mehrere Anforderungen dieser Internationalen Norm nicht anwenden lassen, kann für diese ein Ausschluß in Betracht gezogen werden.

Wenn Ausschlüsse vorgenommen werden, ist das Beanspruchen der Konformität mit dieser Internationalen Norm nur zulässig, wenn die Ausschlüsse auf Anforderungen aus Abschnitt 7 beschränkt sind und derartige Ausschlüsse die Fähigkeit und Verantwortung der Organisation zur Bereitstellung von Produkten, die den Kunden- und zutreffenden behördlichen Anforderungen entsprechen, nicht beeinträchtigen."

Das bedeutet für die Darlegung:

Nach der Norm zulässige Darlegungsausschlüsse

☛ Es dürfen bei der Darlegung der Forderungen an das QM-System nur solche ausgeschlossen werden, die die Eignung und Verantwortung der Organisation, Kunden- und Behördenforderungen zu erfüllen, nicht beeinträchtigen.

☛ Der Ausschluß ist auf die Forderungen beschränkt, die im Abschnitt 7 enthalten sind und die begründet sind z.B.
  • mit der Art des Produkts
  • mit Kundenforderungen
  • mit Forderungen von Behörden.

☞ Werden mehr oder andere Forderungen als nach dieser Norm zulässig ausgeschlossen, kann keine Konformität mit dieser Norm beansprucht werden.

☞ Konformität kann auch nicht in Fällen beansprucht werden, in denen die Erfüllung der Behördenforderungen Ausschlüsse zuläßt, die über die von dieser Norm zugelassenen Ausschlüsse hinausgehen.

7.1 Planung der Produktrealisierung

☞ Es müssen die Prozesse geplant und entwickelt werden, die für die Produktrealisierung erforderlich sind.

☞ Die Planung der Produkt-Realisierung muß mit den Forderungen der anderen QM-Prozesse im Einklang stehen.

📖 Die anderen Prozesse sind die gemäß Kapitel 4.1 ermittelten QM-Prozesse.

☞ Bei der Planung der Produkt-Realisierungsprozesse muß, soweit angemessen, festgelegt werden:
- Qualitätsziele für das Produkt, das Projekt oder den Vertrag;
- Forderungen für das Produkt (Qualitätsforderung);
- den Bedarf an einzuführenden Prozessen, zu erstellenden Dokumenten und produktspezifischen bereitzustellenden Mitteln und Einrichtungen;
- die erforderlichen Tätigkeiten für produktspezifisches
  - Überwachen, d.h.:
    ständiges Beobachten und Verifizieren des Zustandes eines Produkts.
  - Prüfen, d.h.:
    Feststellen, inwieweit ein Produkt eine Forderung erfüllt.

- Verifizieren, d.h.:
Bestätigen aufgrund einer Untersuchung und durch Nach-
weisen, daß die festgelegten Forderungen erfüllt worden sind.
- Validieren, d.h.:
Bestätigen aufgrund einer Untersuchung und durch Nach-
weisen, daß die besonderen Forderungen für einen speziellen
Zweck erfüllt worden sind.

● Planen der erforderlichen Produktannahmekriterien;
● Planen der Aufzeichnungen, die für das Erzeugen von Vertrauen
in die Konformität der Prozesse und daraus resultierenden Produkten erforderlich sind.

Es ist darzulegen, wie die Realisierungsprozesse für Produkte,
Prozesse und Projekte geplant werden. Zu diesen Prozessen zäh-
len alle, in denen die Leistung der Organisation oder das
Angebotsprodukt entsteht, also z.B. Prozesse wie
* Entwicklung und Konstruktion
* Arbeits- und Auftragsvorbereitung,
* Beschaffung,
* Produktion und Dienstleistungserbringung,
* Vertrieb,
* Betreuung von Produkten und Kunden.

Die Planung der Realisierungsprozesse muß mit den Forderungen
der QM-Prozesse, die unter Kapitel 4.1 zu ermitteln sind, in Einklang stehen.

Es ist bei der Planung der Produktrealisierung darzulegen,
* wie die Qualitätsziele für Produkte, Prozesse und Projekte im
Zusammenhang mit den Qualitätsforderungen geplant werden,
z.B.:
- durch Zielsetzungen der Geschäftsleitung zusammen mit den
Führungskräften, abgeleitet von den Unternehmenszielen und
allgemeinen Qualitätszielen;
- durch Zielsetzungen der Geschäftsleitung, die sich aufgrund
der Bewertung des Qualitätsmanagements ergeben;

- durch Beschluß von Korrektur-, Vorbeugungs- und Verbesserungsmaßnahmen.

📖 Es ist die Planung der für die Unternehmensleistung wesentlichen Prozesse darzulegen:
* dazu müssen diese Prozesse zunächst ermittelt werden;
* für diese als wesentlich identifizierten Prozesse sind dann Regeln für Tätigkeiten und Abläufe zu erstellen, in z.b. Verfahrensanweisungen, Arbeitsanweisungen, Ablaufdiagrammen, Haus- und Werknormen, in auftragsbezogenen Unterlagen, wie Auftragspapieren, Arbeitsplänen und Projektplänen.
* Für diese Dokumente sind gemäß Kapitel 4.2 allgemeine Dokumentationsregeln vorgegeben.

📖 Jede Organisation legt den Umfang der für sie geeigneten Dokumentation und Medien fest. Die Dokumentation hängt ab z.B. von:
* Größe und Komplexität der Organisation,
* Komplexität von Produkten und Prozessen,
* Risiko, die Kundenforderungen nicht zu erfüllen,
* Fähigkeit des Personals,
* Umfang des geforderten Nachweises für die Einhaltung der Forderungen an das QM-System.

📖 Die Frage, ob für einen Prozeß ein Dokument erstellt werden soll, kann, um den Dokumentations-Aufwand und Umfang zu begrenzen, nach dem Grundsatz entschieden werden:

Dokumente sind überall da zu erstellen,

wo ihr Fehlen zu Fehlern führen könnte.

📖 Es ist darzulegen, wie die Bereitstellung der für den einzelnen Prozeß erforderlichen Ressourcen geplant wird, d.h.
* wie der Bedarf ermittelt wird,
* wie der Bedarf dann geplant und für die Bereitstellung konkretisiert wird, in dem der Bedarf
  - der Art nach, der Beschaffenheit und Menge nach bestimmt wird,
  - wobei oft auch noch die Herkunft der Ressourcen wesentlich ist.

* Um diese Bereitstellung planen zu können, müssen alle wichtigen Realisierungsprozesse vom Ablauf und Inhalt her bekannt sein.

  Daher der nächste Schritt: Die Planung der Realisierungsprozesse!

📖 Bei der Produktrealisierung sind hauptsächlich drei Produktkategorien zu unterscheiden, weil für diese unterschiedliche Realisierungsprozesse zu planen sind, nämlich für

* materielle Produkte,
* immaterielle Produkte als Dienstleistungen,
* immaterielle Produkte als Software.

Allerdings kommen diese Produktkategorien kaum noch in Reinform vor, was bei der Darlegung der Planung von Realisierungsprozessen beachtet werden sollte.

📖 Zur Planung von Realisierungsprozessen materieller Produkte könnte dargelegt werden:

📖 Planen aller Prozesse in der Fertigung mit Wartung, um beherrschte Bedingungen zu erzielen (Fertigungsvorbereitung oder Arbeitsvorbereitung mit Wartung) und Realisieren:

* Ermitteln der Prozesse, Prozeßschritte und Tätigkeiten, für die Verfahrensanweisungen und Arbeitsanweisungen vorzugeben sind, dort wo ohne Vorgaben die Qualität beeinträchtigt werden könnte.
* Erstellen der Verfahrensanweisungen, Arbeitsanweisungen, Prüfanweisungen für die zuvor bestimmten Prozeßschritte und Tätigkeiten.
* Analyse und Beurteilung der Qualitätsfähigkeit technischer Verfahren und Ausrüstung, z.B. Bestimmen von C_{mk}- und C_{pk}-Werten.
* Ermitteln zu berücksichtigender Regelwerke und ihr Umsetzen in
  - QM-Pläne, d.h. in Dokumente, in denen die spezifischen qualitätsbezogenen Arbeitsanweisungen und Hilfsmittel, so-

wie der Ablauf der Tätigkeiten im Hinblick auf ein einzelnes Produkt, ein einzelnes Projekt oder einen einzelnen Vertrag
- Verfahrensanweisungen für Ablauf und Tätigkeiten
- Werknormen, die auszugsweise technische Vorgaben für unternehmensspezifische Belange enthalten.
* Entwickeln und Anwenden von Überwachungs- und Lenkungsverfahren für Prozeß-Parameter und Produktmerkmale, wie z.B.
- Stichprobenprüfungen durch Lauf- und Zwischenprüfungen
- Regelkartentechnik (SPC)
* Verfahren für die Freigabe von Prozessen und Einrichtungen entwickeln und anwenden, z.B.
- Beurteilung der Qualitätsfähigkeit
- Erstmusterprüfung
- Erststückprüfung
- Probefertigung
- Nullserienfertigung

📖 Regeln zur Prüfplanung schaffen:
* Planung der Qualitätsprüfungen durch z.B.
- das Qualitätswesen
- die Arbeitsvorbereitung
* Kriterien für die Erstellung von Prüfplänen anhand z.B.
- der Fehlergewichtung
- gemäß Kundenforderungen
- Schwierigkeitsgrad der Prüfung
- Fertigkeiten des Personals
* Zeitpunkt der Prüfplanung, z.B.
- bei Auftragsannahme
- während der Produktentwicklung
- während der Fertigungsplanung (Arbeitsvorbereitung)
- gelegentlich des Musterbaus oder der Probefertigung
* Inhalt und Struktur der Prüfpläne festlegen, z.B. mit
- Prüfspezifikationen
- Festlegen der Prüfmerkmale, Merkmalswerte, Prüfverfahren, Prüfmittel

- Prüfanweisung

Anweisung zur Durchführung der Prüfung, z.B. gemäß Prüfspezifikation

- Prüfablaufplan

Festlegung der Abfolge der Prüfungen.

* Klare und praktikable Beurteilungskriterien für die Arbeitsausführung entwickeln, z.b.

- in Verfahrensanweisungen, Arbeitsanweisungen, Prüfanweisungen

- durch die Vorgabe von Mustern, Sollmustern, Grenzmustern

📖 Ermitteln und Beschreiben „spezieller Prozesse", bei denen das Prozeßergebnis selbst nur unzureichend geprüft werden kann.

* Darlegen, daß hier besonders geschultes Personal eingesetzt wird;

* Überwachung der Prozeßparameter, z.b. durch automatische Regler, wie im CNC-Betrieb üblich oder durch SPC.

📖 Die Forderungen an die Qualitätsfähigkeit von Prozessen mit technischer Ausrüstung und Personal sind zu planen.

📖 Bei der Planung von Realisierungsprozessen immaterieller Produkte, d.h. zur Erbringung von Dienstleistungen ist darzulegen, welche Tätigkeiten zur unmittelbaren oder direkten Verbesserung des Zustandes des Kunden geplant sind.

📖 Der Zustand des Kunden bezieht sich z.b. auf

* Gesundheit und Umwelt,

* Informationsstand und Wissen,

* wirtschaftliche und soziale Situationen,

* persönliche Probleme,

* die Anwendung von Produkten und Verfahren,

* Versorgung mit Energie und Verpflegung,

* Transport und Mobilität,

* Verbesserung der Sicherheit.

- Es ist darzulegen, wie bei Dienstleistungen die produktspezifischen Verifizierungs-, Validierungs-, Überwachungs- und Prüftätigkeiten insbesondere mit den Annahmekriterien geplant werden.

- Bei der Planung der Entwicklung oder Erstellung von Software, insbesondere von Rechnerprogrammen, handelt es sich im Gegensatz zu Dienstleistungen, um Tätigkeiten zur Schaffung von Werkzeugen und Hilfsmitteln für die Erbringung von Dienstleistungen, wodurch der Zustand des Kunden indirekt beeinflußt wird. Direkt dann, wenn er die Werkzeuge auch nutzt.

- Bei Dienstleistungen und Software ist die Schärfe der Annahme-Kriterien besonders wichtig, weil die Eigenschaften im Gegensatz zu materiellen Produkten in den meisten Fällen nur schwer oder überhaupt nicht meßbar sind.

- In allen Fällen der Produktplanung und der Prozeßplanung ist die System-FMEA als Werkzeug zur Bewertung möglicher Fehler an Produkten, Verfahren und Methoden, Organisationseinheiten und komplexen Projekten ratsam anzuwenden und so auch vertrauensschaffend darzulegen (siehe auch 9.3).

- Zur Planung der Produktrealisierung sind auch die Aufzeichnungen festzulegen, um nachzuweisen, daß die Realisierungsprozesse und die aus ihnen hervorgegangenen Angebotsprodukte die Qualitätsforderung erfüllen. Diese Forderung ist grundsätzlich in Kapitel 4.2.4 festgelegt.

7.2 Kundenbezogene Prozesse

7.2.1 Ermittlung der Forderungen in Bezug auf das Produkt

☛ Als erstes ist darzulegen, wie alle vom Kunden festgelegten Forderungen an das Produkt (Qualitätsforderungen) einschließlich der Forderungen an Belieferung und Tätigkeiten nach der Belieferung (Kundenforderungen) vollständig ermittelt werden.

● Neben den vom Kunden festgelegten Forderungen sind auch die vom Kunden nicht ausdrücklich vorgegebenen Forderungen zu erfassen, die - soweit bekannt - für den festgelegten oder beabsichtigten Gebrauch oder Verwendungszweck notwendig sind.

● Auch gesetzliche und behördliche Forderungen (was das gleiche ist) in Bezug auf das Produkt, sind zu erfassen.

● Ebenso sind alle von der Organisation festgelegten anderen Forderungen zum Produkt und vom Kunden zu erfassen.

📖 Erstes Ziel ist hier, alle Forderungen, auch nicht formulierte (!), vollständig zu erfassen. Dazu ist es zweckmäßig, ein Verfahren zu entwickeln und festzuschreiben, mit dem diese Vollständigkeit ermöglicht wird.

Für dieses Verfahren ist es ratsam, die Arten der Angebotsprodukte und die Forderungsarten der Kunden zu unterscheiden und bei der Ermittlung der Kundenforderungen zu beachten.

Der Transparenz wegen sollte man drei Kategorien der Angebotsprodukte unterscheiden:

* Materielle Produkte, die entwickelt und produziert werden.

* Immaterielle Produkte, die als Dienstleistungen entwickelt und erbracht werden.

* Immaterielle Produkte, die als Software entwickelt werden.

In der Praxis wird man meist Angebotsprodukte als Kombination aus allen drei zuvor genannten Kategorien antreffen. Bei der Suche nach einer Systematik zur vollständigen Erfassung der Kundenforderungen sollten daher zwei Gesichtspunkte kundenbezogen betrachtet werden:

* Produktarten

* Forderungsarten

Die Produktarten lassen sich unterscheiden in:

1. Standardprodukte, nach Katalog oder Datenblättern bestellbar,

2. Standardprodukte mit Varianten (gleichbedeutend mit Sorten) nach Katalog oder Datenblättern bestellbar,

3. Standardprodukte mit Kundensonderwünschen (KSW) nach zusätzlichen Spezifikationen oder z.b. Pflichtheft bestellbar,

4. Unikate, vom Einzelteil bis zum komplexen Projekt, nur nach Spezifikationen oder Pflichtenheften bestellbar.

Die Forderungsarten lassen sich unterscheiden in

a. vom Kunden festgelegte Forderungen,

b. vom Kunden nicht festgelegte Forderungen, deren Erfüllung aber fachlich und sachlich notwendig ist,

c. gesetzliche Forderungen, also Forderungen der Gesellschaft,

d. von der Organisation festgelegte Forderungen, z.B.

- um den Kunden besser zu betreuen,

- um dem Wettbewerb zuvor zu kommen,

- weil es der Unternehmenspolitik entspricht,

- weil es dem Kunden gegenüber besondere Forderungen zu erfüllen gibt.

Bei der Entwicklung des Verfahrens zur Ermittlung aller Forderungen bieten sich Checklisten an. Sie nützen allerdings nur, wenn sie für den Benutzer anwendungsgerecht vorgedacht wurden.

Das bedeutet, die Checklisten auf die Produktart und auf die Art der Forderungen auszurichten, um prüfen zu können, ob alle relevanten Forderungen vollständig und eindeutig erfaßt wurden.

Im praktischen Fall sollten die Checklisten so gestaltet sein, daß die Art der Produkte (1, 2, 3, 4) und die Art der Forderungen (a bis d), soweit zutreffend und angemessen, berücksichtigt und darüber hinaus die Vollständigkeit der Erfassung geprüft werden kann (siehe auch 9.6).

7.2.2 Bewertung der Forderungen in Bezug auf das Produkt

☞ Die Forderungen bezüglich des Produkts müssen bewertet werden. Diese Bewertung muß als Prüfung vor Angebotsabgabe, vor Auftragsannahme oder Vertragsschluß und vor Annahme von Forderungsänderungen vorgenommen werden, um sicherzustellen, daß
- die Kundenforderungen angemessen festgelegt und dokumentiert sind,
- Unterschiede bei Forderungen in der Anfrage, im Angebot oder im Auftrag geklärt sind,
- der Auftrag oder Vertrag durch die Organisation erfüllbar ist.

📖 Da es sich hier um kundenbezogene Prozesse handelt, erscheint es wichtig, die Bewertung, oder besser, die Prüfung auf alle Kundenforderungen auszudehnen.

📖 Verfahrensanweisungen erarbeiten und für alle beteiligten Mitarbeiter verbindlich machen.
* Durch z.B. Vordrucke und Checklisten mit Zwangslauf sicherstellen, daß
  - alle an der Forderungsprüfung Beteiligten in die Prüfung einbezogen werden,
  - alle Kundenforderungen geprüft werden
* Interne Regeln für die Verständigung mit den Kunden festlegen und einhalten.

📖 Kriterien für die Prüfung der Kundenforderungen:
* Vollständigkeit;
* Eindeutigkeit;
* Erfüllbarkeit oder Machbarkeit;
* Verständnis und Einvernehmen;
* Angemessenheit;
* Verträglichkeit mit den Forderungen der Gesellschaft.

📖 Die Prüfung der Kundenforderungen bedarf nicht grundsätzlich eines besonderen Verfahrens. So bedingt die Erstellung des Angebots regelmäßig auch eine Prüfung der Forderungen.

☛ Aufzeichnungen der Prüfergebnisse und damit verbundene Folgemaßnahmen sind gemäß Kapitel 4.2.4 zu handhaben.

📖 Regeln für die Handhabung dieser Art von Qualitätsaufzeichnungen schaffen bezüglich:
* Erstellen
* Kennzeichen
* Verteilen
* Archivieren

📖 Im einfachsten Fall kann das Prüfergebnis als Vermerk auf den Kundenpapieren aufgezeichnet werden. Andernfalls ist ein besonderes Dokument anzufertigen.

☛ Legt der Kunde seine Forderungen nicht dokumentiert vor, müssen diese vor Auftragsannahme von der Organisation dokumentiert und dem Kunden bestätigt werden.

📖 Als Bestätigung der Kundenforderungen gelten z.B.
* Angebote mit Produktbeschreibungen
* Lasten- und Pflichtenhefte
* Datenblätter und Kataloge
* Spezifikationen
* Anschauungsmuster (nicht Muster, weil deren Eigenschaften als zugesichert gelten können).

☛ Ändert der Kunde seine Forderungen, muß die Organisation sicherstellen, daß die davon betroffenen Dokumente ebenfalls geändert werden und daß dem zuständigen Personal die geänderten Forderungen bewußt gemacht werden.

📖 Bei Änderung der Kundenforderungen sicherstellen, daß

* alle geänderten Kundenforderungen an die beteiligten Funktionen weitergegeben werden, z.B.
* alle geänderten Forderungen nach den Kriterien geprüft werden
  - Vollständigkeit
  - Eindeutigkeit und Klarheit
  - Erfüllbarkeit oder Machbarkeit
  - Verständnis und Einvernehmen
  - Angemessenheit
  - Verträglichkeit mit anderen, alten Kundenforderungen
  - Verträglichkeit mit behördlichen und gesetzlichen Auflagen
  - Verträglichkeit mit den Forderungen der Gesellschaft.

7.2.3 Kommunikation mit dem Kunden

☛ Es müssen wirksame Regelungen für die Kommunikation mit den Kunden zu folgenden Punkten festgelegt und verwirklicht werden:
- Produktinformationen;
- Anfragen, Verträge oder Auftragsbearbeitung einschließlich Änderungen;
- Rückmeldungen von Kunden einschließlich Kundenbeschwerden.

📖 Für die Kommunikation mit dem Kunden sind die Zuständigkeiten in der Organisation festzulegen und bekannt zu machen. Es geht hier vor allem um Verständigung und Kontaktstellen für den Kunden zu den oben genannten Themen. Je nach Produktart und Lieferbeziehungen können auch andere Themen für die Kommunikation bedeutsam sein, wie z.B.
* nicht vorgegebene Kundenforderungen (7.2.1),
* Prüfergebnisse einzelner Kundenforderungen (7.2.2),
* Produktentwicklung (7.3),
* Beschaffung (7.4),
* Produktion und Dienstleistungserbringung (7.5),
* Kundenzufriedenheit (8.2.1).

⊞ Zu den Regelungen sollte auch gehören, Kommunikationswege und Teilnehmer zu bestimmen. Außerdem sollte der Austausch und das Verteilen von Informationen verbindlich geregelt sein.

7.3 Entwicklung

In der Norm ist nur die Rede von der Entwicklung von Produkten. Weil Angebotsprodukte gemeint sind, sollte eindeutig und umfassend bestimmt werden, was als Angebotsprodukt gelten soll: ein materielles Produkt, ein immaterielles Produkt, wie z.B. Software oder eine Dienstleistung. Oder eine Kombination, wie z.B. ein Produktionsprozeß, bei dem der Kunde seine Produktforderungen einbringt, wie z.B. in Zeichnungen, Rezepturen, Lasten- und Pflichtenheften oder Spezifikationen, und die Organisation den Prozeß mit allen Abläufen, Bedingungen, Tätigkeiten, Anlagen und Werkzeugen entwickelt (Prozeßentwicklungsplan).

7.3.1 Entwicklungsplanung

☞ Die Entwicklung des Angebotsprodukts ist zu planen und zu lenken.

☞ Im Produktentwicklungsplan muß festgelegt werden:
• Phasen des Entwicklungsprozesses;
• Bewertungs-, Verifizierungs- und Validierungsmaßnahmen angemessen für jedes Entwicklungsstadium;
• Verantwortungen und Befugnisse (Zuständigkeiten) für Entwicklungstätigkeiten.

⊞ Pläne erstellen für alle Abläufe bei Entwicklungsprojekten mit Kurzbeschreibung der Aufgaben und Tätigkeiten, Zuständigkeiten, Terminen, z.B. in
* Meilenstein-Programmen;

* Ablaufplänen, Projektblättern;
* Zuständigkeitsmatrix für die Produktentwicklung.

📖 Die Planung sollte für alle Entwicklungsphasen und Stadien Haltepunkte für Bewertungen, Verifizierungen und Validierungen, wo
angemessen, vorsehen.

📖 Zuordnen der Tätigkeiten und Aufgaben in einer Zuständigkeitsma-
trix zu qualifiziertem Personal
* Qualifikation des Personals durch Ausbildung, Weiterbildung,
Schulung und Berufserfahrung belegen.

📖 Aufgaben- und Funktionenbeschreibungen mit Stellvertreter-Rege-
lung erstellen.
Anmerkung: Stellenbeschreibungen sind als Benennung tarifpolitisch verbraucht und sollten daher im Themenbereich Qualitätsmanagement vermieden werden (siehe Aufgaben- und Funktionenplan).

☛ Schnittstellen zwischen den Entwicklungsgruppen müssen geregelt werden, um eine wirksame Kommunikation auch durch
eindeutige Zuständigkeit sicherzustellen (Verantwortung und Befugnis).

📖 Schnittstellenprobleme durch Verfahrensanweisungen lösen und
dokumentieren, z.B.
* wer macht was;
* wer hat wen zu informieren;
* wer überprüft regelmäßig den Informationsfluß mit seinen Inhal-
ten und Konsequenzen.

☛ Das Planungsergebnis muß, soweit angemessen, auf dem
Entwicklungsstand aktualisiert werden.

📖 Fortschritt der Projekte verfolgen .
* Für jedes Projekt die Fortschritte ermitteln und dadurch den
Plan aktualisieren;
* Auflisten der Projekte, Übersicht über Stand der Projekte.

7.3.2 Entwicklungseingaben

☛ Qualitätsforderungen an das Angebotsprodukt sind festzulegen und müssen umfassen:
- Forderungen an Funktion und Leistung,
- behördliche und gesetzliche Forderungen,
- Informationen aus früheren ähnlichen Entwicklungsprojekten,
- andere bedeutsame Forderungen und Erfahrungen.

☛ Die Eingaben müssen auf Angemessenheit geprüft werden. Unvollständige, mehrdeutige und sich widersprechende Forderungen müssen geklärt werden.

📖 Die Qualitätsforderung mit allen Einzelforderungen an das Angebotsprodukt sind für das Entwicklungsprojekt als Entwicklungseingaben möglichst mit quantitativen Daten vorzugeben.

📖 Sie müssen enthalten:
* Qualitätsforderungen hinsichtlich Funktion und Leistung des Angebotsprodukts, d.h., um etwas zu bewirken und um Forderungen zu erfüllen.
* Forderungen der Gesellschaft, z.B. Verordnungen und Gesetze zu Arbeitssicherheit, Umweltschutz, Sparsamkeit des Mitteleinsatzes.
* Allgemeine und bedeutsame Erfahrungen aus anderen Entwicklungsbereichen (z.B. Bench-Marking, Literatur).
* Spezielle Erfahrungen bei früheren ähnlichen Entwicklungsprojekten.

📖 Die Ein- oder Vorgaben sind zu prüfen und zu klären hinsichtlich z.B. der Kriterien
* Vollständigkeit,
* Eindeutigkeit,
* Erfüllbarkeit,
* Angemessenheit, d.h. Zweckmäßigkeit,
* Verträglichkeit miteinander,

* Verträglichkeit mit Gesetzen.

7.3.3 Entwicklungsergebnisse

☞ Die Ergebnisse des Entwicklungsprozesses müssen so dokumentiert werden, daß sie gegenüber den Entwicklungseingaben
verifiziert werden können.

📖 Die Entwicklungsergebnisse sind in technischen Dokumenten
festzulegen, z.B. in
  * Zeichnungen, Stücklisten,
  * Rezepturen,
  * Spezifikationen,
  * Anweisungen, Instruktionen,
  * Software,
  * Berechnungen,
  * Analysen.

☞ Entwicklungsergebnisse müssen:
  • Entwicklungsvorgaben erfüllen;
  • geeignete Informationen für die Beschaffung, Produktion und
    Dienstleistungserbringung bereitstellen;
  • Annahmekriterien für das Produkt enthalten oder darauf ver-
    weisen;
  • die Merkmale des Produkts festlegen, die für einen sicheren und
    bestimmungsgemäßen Gebrauch wesentlich sind.

☞ Dokumente zu Entwicklungsergebnissen müssen vor der Herausgabe genehmigt werden.

7.3.4 Entwicklungsbewertung

☞ In zweckmäßigen Phasen müssen systematische Entwicklungsbewertungen durchgeführt werden, um:

- die Fähigkeit zur Erfüllung der Forderungen zu beurteilen;
- Probleme zu erkennen und Folgemaßnahmen vorzuschlagen.

📖 Bewerten der Entwicklungsergebnisse in den Entwicklungsplan (7.3.1) einarbeiten, z.B.
  * als Haltepunkte in Meilenstein-Programmen;
  * als Prüffolgen in Entwicklungsphasen;
  * Auswahl und Bestimmung der Beteiligten;
  * Dokumentation der Prüfergebnisse in Berichten als Qualitätsaufzeichnungen.

📖 Bewerten des Entwicklungsergebnisses, ob es die Qualitätsforderung mit allen Einzelforderungen erfüllt, durch z.B.
  * Anfertigen und Prüfen von Mustern:
    - Entwicklungsmuster, Muster zur Prüfung des Entwicklungsstandes des Angebotsprodukts,
    - Versuchsmuster, Muster für Funktionsversuche und Zuverlässigkeitsprüfungen.
  * Probeläufe, vor allem im Bereich Software und Dienstleistungen,
  * Simulationen, vor allem im Bereich Software und Dienstleistungen,
  * Anwenden von Fehlerbewertungsmethoden, wie z.B. System-FMEA für
    - Produkte (System-FMEA-Produkte)
    - Prozesse (System-FMEA-Prozesse)
  * Gefahren- oder Risiko-Analysen.

☞ Zu den Teilnehmern an derartigen Entwicklungsbewertungen müssen die Vertreter der Funktionsbereiche gehören, die von der bewerteten Entwicklungsphase betroffen sind.

☞ Die Ergebnisse der Bewertungen sowie Folgemaßnahmen müssen aufgezeichnet werden (siehe 4.2.4, Qualitätsaufzeichnungen).

7.3.5 Entwicklungsverifizierung

☞ Das Entwicklungsergebnis ist gemäß Entwicklungsplan (7.3.1) zu verifizieren, um sicherzustellen. daß es die Entwicklungseingaben, d.h. die Vorgaben aus festgelegten Qualitätsforderungen erfüllt.

📖 Verifizieren bedeutet:
Bestätigen aufgrund einer Untersuchung und durch Nachweisen, daß die festgelegten Forderungen erfüllt worden sind.

📖 Verifizierung kann hier umfassen:
* Prüfen von Entwicklungsmustern,
* Prüfen von Versuchsmustern,
* Erproben von Prototypen,
* Probeläufe, vor allem bei Software und Dienstleistungen,
* Simulationen, vor allem bei Software und Dienstleistungen,
* Anwenden von Fehlerbewertungsmethoden, wie z.B.:
  - System-FMEA-Produkte (siehe auch 9.3),
  - System-FMEA-Prozesse,
* Gefahren- oder Risiko-Analysen.

☞ Die Verfizierungsergebnisse müssen als Qualitätsaufzeichnungen (4.2.4) aufgezeichnet werden.

7.3.6 Entwicklungsvalidierung

☞ Das Entwicklungsergebnis ist gemäß Entwicklungsplan (7.3.1) zu validieren, d.h. es ist aufgrund einer Untersuchung nachzuweisen und zu bestätigen, daß die besonderen Forderungen für einen speziellen Gebrauch oder Zweck erfüllt worden sind.

☞ Wenn möglich, muß die Validierung vor Auslieferung oder Einführung des Produkts abgeschlossen werden. Wenn vor Auslieferung oder Einführung keine vollständige Validierung möglich ist, muß im größtmöglichen Umfang eine teilweise Validierung vorgenommen werden.

📖 Validierung schließt sich üblicherweise an eine Verifizierung an,
* Validiert wird üblicherweise unter festgelegten Betriebsbedingungen
* Validierung wird üblicherweise am Endprodukt ausgeführt, sie kann aber in früheren Phasen der Fertigstellung des Produktes erforderlich sein.
* mehrfache Validierungen können ausgeführt werden, wenn es unterschiedliche beabsichtigte Anwendungen des Produktes gibt.

☞ Ergebnisse der Validierung und Folgemaßnahmen müssen aufgezeichnet werden (siehe 4.2.4, Qualitätsaufzeichnungen).

📖 Die Validierung kann umfassen
* Prüfen von Entwicklungsmustern,
* Prüfen von Versuchsmustern,
* Erproben von Prototypen,
* Probeläufe, vor allem bei Software und Dienstleistungen,
* Simulationen, vor allem bei Software und Dienstleistungen,
* Anwenden von Fehlerbewertungsmethoden, wie z.B.:
  - System-FMEA-Produkte,
  - System-FMEA-Prozesse,
* Gefahren- oder Risiko-Analysen,
* Prüfen von Erstmustern (auch Ausfallmuster, Baumuster, Typmuster), Muster, das ausschließlich mit den für die Serienfertigung vorgesehenen Einrichtungen und Verfahren unter den zugehörigen Bedingungen der Serienfertigung entstanden ist.

📖 Die Erstmusterprüfung kommt als Validierung des Entwicklungsergebnisses aus temporären Gründen selten in Frage. Ist das Entwicklungsergebnis aber ein Prozeß, kommt für seine Validierung nur die Erstmusterprüfung in Betracht.

7.3.7 Lenkung von Entwicklungsänderungen

☞ Originaltext: „Entwicklungsänderungen müssen gekennzeichnet und aufgezeichnet werden.

☞ Die Änderungen müssen, soweit angemessen, bewertet, verifiziert und validiert sowie vor ihrer Einführung genehmigt werden."

📖 Entwicklungsänderungen sind selbstverständlich vor ihrer Verwirklichung oder Einführung zu genehmigen. Die Genehmigung sollte aber von einer Prüfung (im Normtext ist von Bewertung die Rede), Verifizierung oder Validierung abhängig gemacht werden, und nicht umgekehrt, wie im Text der Norm „... validiert sowie vor ihrer Einführung genehmigt werden".

📖 Also im Klartext: Auch Änderungen z.B. durch Verifizieren oder Validieren genehmigen und dann verwirklichen oder einführen.

☞ „Die Bewertung der Entwicklungsänderung muß die Beurteilung der Auswirkungen der Änderungen auf Bestandteile und auf bereits gelieferte Produkte einschließen."

📖 Was die „Beurteilung der Auswirkungen der Änderungen auf Bestandteile und auf bereits ausgelieferte Produkte" bedeuten könnte, kann nur geraten werden.
In jedem Fall erscheint es zu kurz gegriffen, wenn man bei der Beurteilung nur an Bestandteile und bereits ausgelieferte Produkte denkt.

📖 Bedeutsam erscheint bei Entwicklungsänderungen
   * alle Änderungen an die beteiligten Funktionen weiterzugeben,
   * alle Änderungen nach z.B. den Kriterien zu prüfen
      - Vollständigkeit
      - Eindeutigkeit und Klarheit
      - Erfüllbarkeit oder Machbarkeit
      - Verständnis und Einvernehmen
      - Angemessenheit und Zweckmäßigkeit

- Verträglichkeit mit anderen, alten Kundenforderungen
- Verträglichkeit mit behördlichen und gesetzlichen Auflagen
- Verträglichkeit mit den Forderungen der Gesellschaft.

Immer dann, wenn Qualitätsforderungen verändert werden, ist zu prüfen, ob sich daraufhin auch Qualitätsmerkmale in ihrer Ausprägung ändern, neue Qualitätsmerkmale hinzukommen oder auch entfallen. Diese Änderungen sind für alle Beteiligten deutlich als
* Änderungen bekannt zu machen,
* allgemein kenntlich zu machen und
* als Änderung besonders zu dokumentieren.

Änderungen müssen, soweit angemessen, verifiziert und validiert sowie vor ihrer Verwirklichung genehmigt werden.

Auch Änderungen in der Entwicklungsplanung sollten grundsätzlich bewertet, verifiziert und fallweise validiert werden, wie unter 7.3.4/7.3.5/7.3.6 beschrieben.

Die Ergebnisse der Bewertung der Änderungen und der Folgemaßnahmen müssen als Qualitätsaufzeichnung (4.2.4) dokumentiert werden.

Verfahrensregeln für Entwicklungsänderungen festlegen mit Rücksicht auf
* Feststellung und Anlaß;
* Dokumentation;
* Information;
* Prüfung;
* Genehmigung;
* Kennzeichnung der Änderung;
* Sicherstellung der Aktualität.

Mit Entwicklungsänderung oder -Modifikation ist nur das Verändern fertiger und freigegebener Entwürfe gemeint und nicht jede Änderung während des Entwickelns.

📖 Verfahren entwickeln für Entwicklungsänderungen
* Änderungsantrag;
* Prüfung und Genehmigung;
* Änderungsmitteilung;
* Änderungsrealisierung und Überwachen der Umsetzung.

7.4 Beschaffung

(Allgemeines)

Zu diesem Kapitel kann es zu begründende Ausschlußmöglichkeiten geben!

📖 Für die Darlegung ist es sehr zweckmäßig, die zu beschaffenden Produkte, in Produktkategorien geordnet aufzuzählen, weil ihre Beschaffungsprozesse meist sehr unterschiedlich sind, was darzulegen ist.

📖 Beschafft werden materielle und immaterielle Produkte.
Als immaterielle Produkte kommen in Betracht: Dienstleistung und Software, wie z.B. Rechnerprogramme, Entwürfe und Zeichnungen, Bedienungsanleitungen, Handbücher als Anlagen-Dokumentation.

📖 Oft wird es vor allem bei Dienstleistungen eine Kombination von materiellen und immateriellen Produkten sein, wie z.B. bei zu liefernden und zu installierenden Datenverarbeitungssystemen mit Hardware und Software.

📖 Als Produktkategorien könnten z.B. in Betracht kommen:
* Werkstoffe;
* Halbzeuge, Fertigteile;
* Serienteile, Sonderprodukte;
* Systeme, Teilsysteme;
* Dienstleistungen verschiedener Art;
* Software verschiedener Art.

📖 Wichtiger ist oftmals die Unterscheidung der Produktkategorien in
* z.B. Produktionsmaterialien, die in das Angebotsprodukt eingehen;
* Hilfs- und Betriebsstoffe, die nicht im Angebotsprodukt verbleiben;
* Werkzeuge und Hilfsmittel, die für die Be- oder Verarbeitung ge-
braucht werden.

📖 Die Aufzählung in Produktkategorien ist meist hilfreich, weil die Beschaffungsforderungen, gleichbedeutend mit Produktforderungen
oder Qualitätsforderungen an zu beschaffende Produkte, unmittelbar von den Produktkategorien abhängen.

📖 Es sollte daher auch dargelegt werden, wo die Beschaffungs-
forderungen festgelegt sind, z.B. in
* Zeichnungen, Spezifikationen;
* Pflichten- und Lastenheften;
* Normen, Verordnungen und Richtlinien;
* Lieferbedingungen;
* Angebotskatalogen;
* Qualitätsmanagement-Vereinbarungen.

7.4.1 Beschaffungsprozeß

☞ Es ist sicherzustellen, daß beschaffte Produkte die festgelegten
Beschaffungsforderungen erfüllen.

☞ Art und Umfang der Überwachung, um die Erfüllung der Beschaffungsforderungen sicherzustellen, müssen vom Einfluß des beschafften Produkts auf den Produktrealisierungsprozeß oder auf
das Endprodukt abhängig gemacht werden.

📖 Bei der Überwachung von Lieferanten und Zulieferprodukten sollte
der Einfluß der Produktkategorien beachtet werden:
* ob z.B. das Zulieferprodukt in das Endprodukt als Teil eingeht;
* ob es sich um Hilfs- und Betriebsstoffe handelt;

110

* ob es Werkzeuge und Hilfsmittel sind, die man für die Produktrealisierung braucht.

☛ Lieferanten müssen auf Grund ihrer Fähigkeiten, Produkte entsprechend den Qualitätsforderungen zu liefern, beurteilt und ausgewählt werden.

☛ Es müssen Kriterien für die Auswahl, Beurteilung und Neubeurteilung aufgestellt werden.

📖 Es ist ein System der Lieferantenbeurteilung einzurichten. Dazu kommen üblicherweise vier unterschiedliche Beurteilungsverfahren in Betracht.
Zu allen vier Verfahren sind Beurteilungskriterien erforderlich, die wiederum von Produkt-Kategorien abhängig gemacht werden sollten.
Die üblichen Lieferantenbeurteilungsverfahren sind zu entwickeln:

📖 Beurteilung vor Auftragserteilung, um neue Lieferanten nach ihrer Qualitätsfähigkeit auszuwählen.
Die Beurteilung kann basieren auf:
* Auditieren der Lieferanten und Betriebsbesichtigungen;
* Bewertung durch den Endkunden;
* Zertifizierung durch einen akkreditierten Zertifizierer;
* Probelieferungen.

📖 Diese Lieferantenbeurteilung führt oft zur „Liste freigegebener Lieferanten".

📖 Beurteilung während der Vertragsdauer
* durch Überwachen des QM-Systems des Lieferanten durch die Organisation (Kunde) oder durch unabhängige Stellen in Form von QM-Bewertungen (siehe hierzu auch 5.6 für externe Anwendung)
* durch Überwachen der Realisierungsprozesse des Lieferanten durch die Organisation (Kunde) oder unabhängige Stellen, wie

z.B. Klassifikationsgesellschaften. Das setzt allerdings vertragliche Vereinbarungen voraus,
* durch Bewerten der Daten der
  - Eingangsprüfung;
  - Be- oder Verarbeitung;
  - Anwendungsphase des Endprodukts;
  - Lieferanten-Audits;
  - Liefertreue hinsichtlich Zeit und Menge;
  - Handhabung der Reklamationen.

☞ Die Ergebnisse der Lieferantenbeurteilung und davon abgeleitete Maßnahmen sind als (Qualitäts-)Aufzeichnungen gemäß HB 4.2.4 zu behandeln.

7.4.2 Beschaffungsangaben

☞ Beschaffungsdokumente müssen das zu beschaffende Produkt beschreiben.

📖 Regeln für die Beschaffungsdokumentation festlegen
* über die Art der Dokumente
  - Spezifikationen, Zeichnungen, Rezepturen, Normen, Pflichten- und Lastenhefte bei Produkten;
  - Spezifikationen, Verfahrens- und Arbeitsanweisungen zu Prozessen;
  - Prüfmethoden, Prüfbedingungen;
  - Qualitätsnachweise.
* Zu Struktur und Aufbau der Dokumente.
* Art der Vorgaben,
  - Quantitative Vorgaben sind qualitativen vorzuziehen;
  - Nenn- oder Sollwerte immer mit Toleranzen angeben;
* Verantwortung für die Angemessenheit und Richtigkeit der Daten bestimmen;
* Zuständigkeiten für die Dokumentation regeln, auch für Verhandlungen mit Lieferanten;

* Handhabung der Dokumente.

☞ Soweit angemessen, müssen die Beschaffungsdokumente auch enthalten:
- Forderungen für die Genehmigung oder Qualifikation von
  - Produkt,
  - Verfahren,
  - Prozessen,
  - Ausrüstung,
  - Personal;

📖 Soweit angemessen (!!) können in den Beschaffungsdokumenten Qualifikationsforderungen gestellt werden:
* zu Produkten durch Qualitätsnachweise, z.b. nach DIN 55 350 Teil 18 oder DIN EN 10 204 (ehemals DIN 50 049) oder branchenspezifische Nachweise;
* bei Verfahren und Prozessen können Testläufe mit Prüfergebnissen bis hin zur Verifizierung oder sogar Validierung mit z.b. Ausfall- oder Erstmustern gefordert werden;
* für die technische Ausrüstung können z.B. Qualitätsfähigkeitskennzahlen (QCS, Quality Capabilty Statistics) gefordert werden, wie z.B. C_{pm}-, C_{pk}-Werte;
* beim Personal könnten die Qualifikationsforderungen durch Befähigungsnachweise, wie z.B. Zeugnisse, Zertifikate, Meisterbrief erfüllt werden.

☞ Soweit angemessen (!!) können in den Beschaffungsdokumenten Forderungen an das QM-System enthalten sein;

📖 Dies könnten z.B. Forderungen sein
* vom Kunden vorgegebene QM-Elemente, durch den Lieferanten darzulegen;
* vom Lieferanten darzulegende QM-Elemente;
* Zertifizierung des QM-Systems des Lieferanten;
* bestimmte, z.B. in QM-Vereinbarungen festgelegte QM-Elemente zu organisieren; typische Elemente sind: spezielle

Prüfungen des Herstellers (Lieferanten), Kennzeichnung und Rückverfolgung der Produkte.

☞ Die Organisation muß vor der Freigabe der Beschaffungsdokumente die Angemessenheit der darin enthaltenen Forderungen sicherstellen.

📖 Bestellunterlagen müssen vor Herausgabe an den Lieferanten geprüft werden hinsichtlich:
* Eindeutigkeit
* Verständlichkeit
* Richtigkeit
* Vollständigkeit
* Angemessenheit und Zweckmäßigkeit.

7.4.3 Verifizierung von beschafften Produkten

☞ Zur Verifizierung des beschafften Produkts müssen die erforderlichen Maßnahmen ermittelt und verwirklicht werden.

📖 Es sind die Verifizierungsmaßnahmen, d.h. die zum Nachweis der Erfüllung der Qualitätsforderungen erforderlichen Prüfverfahren an beschafften Produkten festzulegen und zu verwirklichen.

☞ Schlägt die Organisation oder ihr Kunde Verifizierungstätigkeiten beim Lieferanten vor, muß die Organisation die beabsichtigten Verifizierungsmaßnahmen und -methoden zur Freigabe des Produkts in den Beschaffungsangaben festlegen.

📖 Ist die Verifizierung beim Lieferanten beabsichtigt, müssen die Prüfverfahren - zweckmäßigerweise in QM-Vereinbarungen - festgelegt werden.

7.5 Produktion und Dienstleistungserbringung

(Allgemeines)

Bei den Produktrealisierungsprozessen wird das Erstellen von Software nicht genannt. Zur Realisierung von Produkten sind aber mindestens drei Prozessarten zu betrachten:
* Die Herstellung von Produkten, auch Produktion genannt;
* die Erbringung von Dienstleistungen;
* die Erstellung von Software, wie z.B. von Bedienungsanleitungen, Verfahrensanweisungen, Protokollen, Zeichnungen, Spezifikationen, Rezepturen und das Entwickeln von Rechnerprogrammen als spezielle Art von Software.

7.5.1 Lenkung der Produktion und der Dienstleistungserbringung

☞ Die Prozesse der Produktion und Dienstleistungserbringung müssen unter beherrschten Bedingungen gelenkt werden. Beherrschte Bedingungen enthalten, falls zutreffend
- die Verfügbarkeit von Angaben, welche die Merkmale der Produkte festlegen;
- die Verfügbarkeit von Arbeitsanweisungen, soweit erforderlich;
- den Gebrauch (und die Instandhaltung) geeigneter Ausrüstungen für die Produktion und die Dienstleistungserbringung;
- die Verfügbarkeit und den Gebrauch von Prüfmitteln;
- Überwachungstätigkeiten;
- festgelegte Prozesse für die Freigabe und Lieferung und Tätigkeiten nach der Lieferung.

📖 Bei den Prozessen in der Produktion, bei der Erbringung von Dienstleistungen und bei der Erstellung von Software sind zur Lenkung vorbeugende, überwachende und korrigierende Tätigkeiten mit dem Ziel zu organisieren, unter Einsatz von Qualitätstechniken die Qualitätsforderungen zu erfüllen.

📖 Die Lenkung kann erfolgen durch:

   * Bereitstellen von Daten, die Produktmerkmale (Beschaffenheit) festlegen.

   * Das Zuverlässigkeitsmerkmal „Verfügbarkeit" ist im Text der Norm irreführend verwendet. Von Bereitstellen ist zu sprechen.

   * Möglicherweise ist hier die Bereitstellung von Daten für z.b. die Fertigungsplanung gemeint, damit die in einzelnen Arbeitsfolgen entstehenden Produktmerkmale festgelegt sind.

📖 Erstellen von Arbeits- und Verfahrensanweisungen immer dann, wenn ihr Fehlen Fehler entstehen lassen könnte.

📖 Einsatz und Instandhaltung qualitätsfähiger Ausrüstung und Arbeitsbedingungen.

📖 Planen der Realisierungsprozesse mit Wartung, um diese Prozesse zu qualifizieren.

📖 Einsatz systematisch überwachter Prüfmittel.

📖 Entwickeln und Anwenden von Überwachungs- und Lenkungsverfahren für Prozeß-Parameter und Produktmerkmale, wie z.B.

   * Stichprobenprüfungen durch Lauf- und Zwischenprüfungen

   * Regelkartentechnik (SPC).

📖 Verfahren für die Freigabe von Prozessen und Einrichtungen entwickeln und anwenden, z.B.

   * Beurteilung der Qualitätsfähigkeit

   * Erstmusterprüfung

   * Erststückprüfung, Letztstückprüfung

   * Probefertigung und Tests

   * Nullserienfertigung und Tests.

7.5.2 Validierung der Prozesse zur Produktion und zur Dienstleistungserbringung

☛ Es müssen alle Prozesse der Produktion und Dienstleistungserbringung validiert werden, deren Ergebnis nicht durch nachfolgende Prüfung verifiziert werden kann. Dies betrifft auch alle Prozesse, bei denen sich Mängel eventuell erst zeigen, nachdem das Produkt verwendet wird oder die Dienstleistung erbracht worden ist.

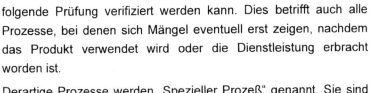 Derartige Prozesse werden „Spezieller Prozeß" genannt. Sie sind z.B. in der chemischen Produktion mit Prozeßketten häufig zu finden.

Spezielle Prozesse sind auch bei Prozessen der Dienstleistungs-erbringung und vor allem bei der Entwicklung von Software üblich.

☛ Die Validierung muß die Fähigkeit der Prozesse zur Erreichung der geplanten Ziele darlegen.

Die Qualitätsfähigkeit der Prozesse ist durch ihre Validierung darzulegen.

Unter Prozeßvalidierung ist hier zu verstehen:
Bestätigung auf Grund einer Untersuchung und durch Bereitstel-lung eines Nachweises, daß die besonderen Forderungen an einen bestimmten Prozeß erfüllt sind.

☛ Es müssen Regeln zur Validierung festgelegt werden, die - soweit zutreffend - beinhalten:
• Qualifikation von Prozessen;
• Qualifikation der Ausrüstung und des Personals;
• Gebrauch festgelegter Methoden und Verfahren;
• Forderungen zu Aufzeichnungen;
• erneute Validierung.

(Prozeßvalidierung als Qualifikationsprüfung: ob der Prozeß die besonderen Forderungen erfüllt)

Bevor ein Prozeß validiert werden kann, muß er zu anderen Pro-zessen abgegrenzt, entwickelt und beschrieben sein hinsichtlich
 * Verfahren, Abläufen und Tätigkeiten;
 * Funktionen und Mitteln;

* Schnittstellen interner wie externer Lieferanten;
* Forderungen interner und externer Kunden;
* Zuständigkeiten (Verantwortung und Befugnis).

📖 Regeln zur Validierung festlegen hinsichtlich
* der zu qualifizierenden Einheit, wie z.B.:
  - Prozeß oder Teile davon;
  - Abläufe und Verfahren;
  - Methoden;
  - Personal;
  - Ausrüstung;
  - Software.
* der zu erfüllenden Qualitätsforderung mit allen Einzelforderungen an die Einheit;
* Beurteilungskriterien zur Qualifikation;
* zu qualifizierende Merkmale;
* Methoden und Verfahren der Qualifikationsprüfung;
* Dokumentation.

📖 Validieren von Prozessen der Produktion:
* Qualifikation von Prozessen (Verfahren, Abläufen und Tätigkeiten) durch Bestimmen und Nachweisen der Qualitätsfähigkeit
  - Zur Qualitätsfähigkeit von Prozessen gehört deren Beherrschung und Präzision, ausgedrückt in „Quality capability statistics" (QCS), wie z.B. in C_{pk}-Werten.
  - Am zweckmäßigsten erscheint zur Prozeßvalidierung in der Produktion die Erstmusterprüfung; aber auch die
  - Typprüfung, als Qualifikationsprüfung an einem Produkt
  - die Bauartprüfung, als Qualifikationsprüfung im Hinblick auf Konzeption und Ausführung.
* Qualifikation der Ausrüstung durch Bestimmen und Nachweisen der Qualitätsfähigkeit
  - Zur Qualitätsfähigkeit von Maschinen und Methoden gehört deren Beherrschung und Präzision, ausgedrückt in QCS, wie z.B. in C_{mk}-Werten.
* Qualifikation des Personals durch z.B.

118

- Nachweise der Aus- und Weiterbildung mit Abschlußzeugnis;
- Vorlage von Mustern und Beispielen für Fertigkeits- und Fähigkeitsnachweise;

📖 Validieren von Prozessen der Dienstleistungserbringung:
  * Die Qualifikation könnte ähnlich der von Prozessen der Produktion dargelegt werden;
  * Statt Erstmuster-, Typ- und Bauartprüfung werden jedoch Probeläufe und Simulationen zweckmäßiger dargelegt.

📖 Validieren von Prozessen der Software-Entwicklung:
  * Zu den Qualifikationsprüfungen könnten ähnlich denen der Prozesse der Dienstleistungserbringung dargelegt werden
    - Prüf- und Testprogramme;
    - Probeläufe und
    - besonders Simulationen.

7.5.3 Kennzeichnung und Rückverfolgbarkeit

☞ Soweit erforderlich, muß das Produkt während der gesamten Produktionsabläufe und Dienstleistungserbringung gekennzeichnet werden.

📖 Die Möglichkeit des Nachweises von Werdegang, Verwendung und Ort eines Produkts oder gleicher Produkte kann sich beziehen auf
  * das Produkt, und zwar auf die Herkunft von Material und Teilen
  * die Verarbeitungsgeschichte
  * die Verteilung des Produkts nach seiner Belieferung an Kunden oder an das Verteilungslager
  * die Kalibrierung von Prüfmitteln mit Normalen oder Referenzmaterial
  * Qualitätsdaten von Produkten im Hinblick auf Prozesse, Abläufe, Tätigkeiten, Personen und Einrichtungen
  * den Prüfstatus
  * Projektstand

* Bearbeitungsstand.

📖 Festlegen der Forderungen an die Identifikation hinsichtlich
* Verfahren
* Mittel
* Zuständigkeiten
* Arten der Identifikation durch
  - Kennzeichnung der Produkte,
  - Zuordnung der Produkte zu Dokumenten,
  - Zuordnung der Produkte zu Arbeitsplätzen, Tätigkeiten, Änderungen,
  - Zuordnung der Produkte zu Prüfaufzeichnungen,
  - Zuordnung der Produkte zu Personal,
  - Zuordnung der Produkte zu Produktions- und Prüfeinrichtungen,
  - Zuordnung der Produkte zu Projekten und Dienstleistungen.

☛ Der Produktstatus muß bezüglich der geforderten Prüfungen gekennzeichnet sein.

📖 Beim Prüfstatus muß erkennbar sein, ob die Qualitätsforderung an ein Produkt gemäß den geplanten und durchgeführten Prüfungen erfüllt oder nicht erfüllt ist (Konformität oder Nichtkonformität).
* Um den Zustand von Produkten zu erkennen, sollten Regeln entwickelt werden hinsichtlich
  - Zuständigkeit,
  - Kennzeichnungsverfahren,
  - Befugnis zur Freigabe.

📖 Mittel zur Kennzeichnung des Prüfstatus können sein:
* Markierungen, Stempel
* Anhänger, Etiketten
* Lagerort, Verpackung
* Begleitunterlagen
* als mögliche Stadien für Produkte kommen in Frage:
  - ungeprüft
  - geprüft und angenommen oder freigegeben

- geprüft und vorläufig gesperrt
- geprüft und beanstandet.

☞ Soweit Rückverfolgbarkeit gefordert wird, ist die eindeutige Kennzeichnung zu lenken und aufzuzeichnen.

📖 Bei der Rückverfolgbarkeit sollte zweckmäßigerweise im ersten Schritt der Grad der Rückverfolgbarkeit in der Organisation bestimmt werden.
Davon unabhängig sind Kundenforderungen bezüglich spezieller Rückverfolgung, die mit dem Kunden detailliert zu vereinbaren ist.

📖 Zu beachten ist, daß die festgelegte oder vereinbarte Rückverfolgung realisiert werden muß und als Qualitätsaufzeichnung gilt (4.2.4).

7.5.4 Eigentum des Kunden

☞ Mit Eigentum des Kunden ist solange sorgfältig umzugehen, wie es sich unter Aufsicht oder im Gebrauch der Organisation befindet.

📖 Was diese Forderung oder Feststellung mit der Darlegung von Teilen des QM-Systems zu tun hat, ist unklar.

☞ Das vom Kunden zum Gebrauch oder zur Einfügung in das Angebotsprodukt überlassene Eigentum ist zu kennzeichnen, zu verifizieren, zu schützen und instand zu halten.

📖 Eingangsprüfung organisieren. Sie kann bestehen aus:
* Identitätsprüfung und Kennzeichnung;
* Prüfung der Unversehrtheit;
* Prüfung der Qualität, d.h. Prüfung, inwieweit ein beigestelltes Produkt die Qualitätsforderung erfüllt.

☞ Fälle von verlorengegangenem, beschädigtem oder anderweitig für unbrauchbar befundenem Eigentum des Kunden müssen aufgezeichnet und dem Kunden mitgeteilt werden.

📖 Informationen einholen über besondere Handhabung der beigestellten Produkte
  * Besondere Kennzeichnung und Lagerung
  * Zustand überwachen.

📖 Dem Kunden in Mängelberichten mitteilen
  * Art und Umfang der Beschädigungen oder Verluste;
  * Gründe und Ursachen für Beschädigungen und Verluste erläutern;
  * Frage nach den Konsequenzen, Handhabung der Produkte.

7.5.5 Produkterhaltung

(Erhaltungs- und Schutzmaßnahmen bei der Handhabung von Produkten)

☞ Es muß die Konformität des Produkts mit den Kundenforderungen während der internen Verarbeitung und Auslieferung zum Bestimmungsort erhalten bleiben.

☞ Dies muß die Kennzeichnung, Handhabung, Verpackung, Lagerung und den Schutz beinhalten.

📖 Planen der Vorsorge, um zum Schutz der Beschaffenheit Verfahrensanweisungen zu erstellen, z.B. durch
  * Erfassen aller Möglichkeiten der Beschädigung und Beeinträchtigung
  * Aufstellen der Forderungen an den Schutz
    - Forderungen z.B. in einem Pflichtenheft erfassen
  * Entwickeln und Planen der Schutzmaßnahmen durch z.B.
    - materielle Vorkehrungen
    - organisatorische Vorkehrungen

* auf der Grundlage des Geplanten Verfahrensanweisungen erstellen.

📖 Schulungen für das Personal für alle mit der Handhabung der Produkte zusammenhängenden Tätigkeiten organisieren.

📖 Verwirklichen der Vorkehrungen und überwachen ihrer Wirksamkeit.

☞ Kennzeichnung

📖 Was Schutzmaßnahmen zum Erhalt der Produktbeschaffenheit mit der Kennzeichnung von Produkten direkt verbindet, ist schwer erklärbar.
Wenn statt Kennzeichnung die Identifikation der Produkte gemeint ist, könnte die Forderung nach Kennzeichnung sinnvoller unter 7.5.3 behandelt werden.

☞ Lagerung

📖 Verfahrensanweisungen für die Lagerverwaltung erstellen, in denen
* die Befugnis für die Entgegennahme von Produkten erteilt ist;
* die Befugnis, an das Lager oder aus dem Lager zu liefern, festgelegt ist;
* Zugang zum Lager regeln.

📖 Mögliche Beschädigungen und Beeinträchtigungen erfassen und davon die Konzeption der Lagerstätten und die Lagerbedingungen ableiten.

📖 Planen und Durchführen von Prüfungen im Lager, um den Produktzustand zu beurteilen:
* Mögliche Beeinträchtigungen erfassen;
* Prüfmerkmale festlegen;
* Prüfverfahren festlegen;
* Prüfintervalle festlegen.

☞ Verpackung

📖 Planen und Festschreiben der Verpackungsprozesse in Verfahrensanweisungen:
* Kundenforderungen hinsichtlich Verpackung ermitteln;
* Funktionsforderungen an die Verpackung ermitteln;
* Kennzeichnungsforderungen ermitteln.

📖 Den Verpackungsprozeß mit den Tätigkeiten planen und verwirklichen:
* Produkte und Verpackungsmaterial bereitstellen;
* Einpacken;
* Verpacken mit Informationsbeilagen, wie z.B. Bedienungsanleitungen oder Pflegehinweise;
* Kennzeichnen.

☞ Konservierung

📖 Methoden entwickeln und verwirklichen zum Schutz und zur Getrennthaltung der Produkte bis zur Übergabe an den Kunden oder seinen Beauftragten:
* Mögliche Beschädigungen und Beeinträchtigungen ermitteln;
* Forderungen an den Schutz ermitteln;
* Schutzmaßnahmen entwickeln und verwirklichen.

☞ Versand, Auslieferung zum Bestimmungsort

📖 Schutzmaßnahmen planen für die Zeit nach der Fertigstellung des Produkts bis hin zum Einsatz des Produkts beim Kunden (im Sinne des zufriedenen Kunden ist es dabei bedeutungslos, ob dazu vertragliche Vereinbarungen bestehen oder ob das Produkt nur bis zum Bestimmungsort die Qualitätsforderung erfüllt).
* Mögliche Beschädigungen, Beeinträchtigungen und Versandbedingungen ermitteln, die
- von der Eigenart des Produkts stammen;
- von Transport- und Lagerungseinflüssen stammen.

Schutzmaßnahmen verwirklichen und ihre Wirksamkeit verfolgen, d.h. Prüfen, ob Forderungen an den Versand ausreichend erfüllt sind.

7.6 Lenkung von Überwachungs- und Meßmitteln

(Allgemeines)

Warum man den übergeordneten Begriff Prüfmittel nicht mehr verwendet, ist nicht bekannt. Gilt doch immer noch: Sowohl zum Überwachen als auch zum Messen werden ausschließlich Prüfmittel eingesetzt.

Unter Prüfmittellenkung oder PM-Management versteht man die Gesamtheit der systematischen Tätigkeiten der Kalibrierung, Justierung, Eichung und Instandhaltung von Prüfmitteln und Prüfhilfsmitteln. Dazu im einzelnen noch einige wichtige häufig gebrauchte Begriffe:

* Gebrauchsnormale sind Normale, die unmittelbar oder über einen Schritt mit einem Bezugsnormal kalibriert sind und routinemäßig benützt werden, um Maßverkörperungen oder Meßgeräte zu kalibrieren oder zu prüfen.

* Bezugsnormale sind Normale von der höchsten an einem vorbestimmten Ort verfügbaren Genauigkeit, von denen an diesem Ort vorgenommene Messungen abgeleitet werden.

☛ Es müssen zum Nachweis der Konformität des Produkts mit festgelegten Forderungen vorzunehmende Überwachungen und Messungen und die erforderlichen Überwachungs- und Meßmittel ermittelt werden.

📖 Alle Prüfmittel im Unternehmen erfassen (inventarisieren). Von allen Prüfmitteln, diejenigen bestimmen, die zur Prüfung der Produktqualität eingesetzt werden:

    * Diese Prüfmittel besonders kennzeichnen, daß sie der Kalibrierung unterliegen. Zweckmäßigerweise sind die übrigen

Prüfmittel ebenfalls zu kennzeichnen, daß sie der Kalibrierung nicht unterliegen.

*   Die Prüfmittel kalibrieren und justieren mit Hilfe zertifizierter Gebrauchsnormale, die wiederum an nationale Normale angeschlossen sind;
*   Wo solche Normale fehlen, muß die benützte Kalibriergrundlage dokumentiert werden;
*   Neubeschaffung von Prüfmitteln zweckmäßigerweise mit Kalibrier-Zertifikat;

☞ Es müssen Prozesse eingeführt werden, um sicherzustellen, daß Überwachungen und Messungen durchgeführt werden können und in einer Weise durchgeführt werden, die mit den Forderungen an die Überwachung und Messung vereinbar ist.

📖 Die Glanzleistung deutscher Formulierungskunst könnte bedeuten: Prüfmittel müssen so ausgewählt, eingesetzt und verwendet werden, daß ihre Eignung zur Messung mit den Forderungen zur Meßunsicherheit vereinbar sind. Wobei die Meßunsicherheit ein Maß für die Genauigkeit der Messungen ist.

☞ Soweit zur Sicherstellung zutreffend, müssen die Meßmittel:
*   in festgelegten Abständen oder vor dem Gebrauch kalibriert oder verifiziert werden anhand von Meßnormalen, die auf internationale oder nationale Meßnormale zurückgeführt werden können. Wenn es derartige Meßnormale nicht gibt, muß die Grundlage für die Kalibrierung oder Verifizierung aufgezeichnet werden;
*   bei Bedarf justiert oder nachjustiert werden;
*   gegen Verstellungen gesichert werden, die das Meßergebnis ungültig machen würden;
*   vor Beschädigung und Verschlechterung während der Handhabung, Instandhaltung und Lagerung geschützt werden;

📖 Die gesamte Prüfmittelüberwachung in Verfahrensanweisungen festlegen und dabei berücksichtigen:
* Genauigkeitsforderungen;
* Geräte-Identifikation und Kennzeichnung;
* Einsatzort;
* Einsatzhäufigkeit;
* Intervalle für Kalibrieren und Justieren bestimmen;
* Beurteilung der Eignung neuer Prüfmittel;
* Maßnahmen bei nichtzufriedenstellenden Ergebnissen.

📖 Der Kalibrierstatus kann durch Aufkleber und andere Kennzeichnungen am Prüfmittel selbst oder z.B. an seinem Schutzbehälter oder Lagerort kenntlich gemacht werden. Das Führen von Listen reicht aber auch oft aus.

📖 Es muß sichergestellt werden, daß Prüfmittel so fachgerecht gehandhabt, geschützt und gelagert werden, daß Genauigkeit und Gebrauchstauglichkeit nicht beeinträchtigt werden.

📖 Diese Forderung läßt sich erfüllen durch z.B.
* Bedienungs- und Pflegeanweisungen
* Schulung oder Training
* besondere Vorkehrungen bei der Lagerung.

📖 Mögliche Einflüsse auf Prüfmittel und Prüfsoftware ermitteln und Vorkehrungen treffen, um diese Einflüsse zu verhindern.

☛ Außerdem muß die Gültigkeit früherer Meßergebnisse bewertet und aufgezeichnet werden, wenn festgestellt wird, daß die Meßmittel die Forderungen nicht erfüllen.

☛ Es müssen geeignete Maßnahmen bezüglich der Meßmittel und aller betroffenen Produkte ergriffen werden.

📖 Der Einsatz fehlerhafter Prüfmittel sollte innerhalb des letzten Kalibrierungsintervalls rückverfolgt werden können, um die Prüfergebnisse nachträglich nochmals zu bewerten und dies zu dokumentieren.

📖 Die Dokumentation über Kalibrierung sollte von Anfang an intensiv geplant werden. Sie ist für das Funktionieren der Kalibrierung unerläßlich und zählt zu den Qualitätsaufzeichnungen (4.2.4).

📖 Wenn mit fehlerhaften Prüfmitteln gearbeitet wurde, bieten sich als geeignete Maßnahmen z.B. an
* Instandhaltung der Prüfmittel mit Kalibrierung und
* Eingrenzung der möglicherweise fehlerhaften Produktmenge,
  - aussortieren und
  - nacharbeiten oder
  - entsorgen.

☞ Bei Rechnersoftware zur Überwachung und Messung festgelegter Forderungen muß die Eignung für die beabsichtigte Anwendung bestätigt werden. Dies muß vor dem Erstgebrauch vorgenommen werden und wenn notwendig auch später bestätigt werden.

📖 Zur Prüfung vorgesehene Rechnersoftware ist als Prüfmittel zu validieren. D.h., es ist unter Anwendungsbedingungen nachzuweisen, daß die Prüfsoftware die festgelegten Forderungen erfüllt.

8. Messung, Analyse und Verbesserung

Unter dem Begriff Messung versteht man in der Qualitätsmanagement-Fachsprache: Ausführen geplanter Tätigkeiten zum quantitativen Vergleich der Meßgröße mit einer Bezugsgröße ... (z.b. DGQ-Schrift 11-04, 6. Auflage 1995, S. 133).

Das bedeutet formal: Im Abschnitt 8 sind nur Tätigkeiten zum quantitativen Vergleich darzulegen! Und die Vergleiche qualitativer Größen?

Oder: Sind alle Prüfungen, bei denen nicht gemessen wird, bei der Darlegung zu vernachlässigen?

Der Begriff Messung ist hier unzutreffend verwendet! Es wird empfohlen, ihn durch Prüfen zu ersetzen, denn das heißt: Festellen, inwieweit z.B. ein Produkt oder ein Prozeß eine Forderung erfüllt.

Im Abschnitt 8 kommen auch die Begriffe Analyse und Überwachung vor, die in der Qualitätsmanagement-Fachsprache (DGQ-Schrift 11-04, S. 148) zur Benennung „Qualitätsüberwachung" definiert sind: Ständige Überwachung und Verifizierung des Zustandes einer Einheit so wie Analyse von Aufzeichnungen, um festzustellen, daß die jeweiligen Qualitätsforderungen erfüllt werden.

Mit Prüfen ist also grundsätzlich das Feststellen oder Beurteilen verbunden, inwieweit z.B. ein Produkt oder Prozeß Forderungen erfüllt.

Es ist daher für die Erfüllung der Darlegungsforderungen dieser Norm zweckmäßig, wenn die verschiedenen Begriffe, wie Messung, Analyse, Überwachung im Text erscheinen, zur Vereinfachung durch den sie umfassenden Begriff „Prüfung" gedanklich zu ersetzen.

Anmerkung zur Überschrift

Der Überschrift mit ihren drei Tätigkeiten folgend, müßte hier dargelegt werden, wie in einer Organisation gemessen, analysiert und verbessert wird.

Das ist insofern irreführend, als dem Normtext zufolge nicht die Ausführung dieser Tätigkeiten darzulegen ist, sondern die Methoden der Messung, Analyse und Verbesserung, wie sie in der Organisation z.B. in Verfahrensanweisungen festgelegt sind!

8.1 Allgemeines (zur Prüfplanung)

☛ Die Überwachungs-, Meß-, Analyse- und Verbesserungsprozesse sind zu planen und zu verwirklichen, die erforderlich sind, um
- die Konformität des Produkts darzulegen;
- die Konformität des QM-Systems sicherzustellen;
- die Wirksamkeit des QM-Systems ständig zu verbessern.

☛ Dies (was?) muß die Festlegung von zutreffenden Methoden einschließlich statistischer Methoden und das Ausmaß ihrer Anwendung enthalten.

📖 Es sind alle die Prüfungen als Prozesse mit Analyse und Bewertung der Prüfergebnisse zu planen und zu verwirklichen, die erforderlich sind
* um Konformität der Angebotsprodukte mit den Qualitätsforderungen sicherzustellen. Wobei als Angebotsprodukte in Betracht kommen:
  - materielle Produkte,
  - immaterielle Produkte, wie Dienstleistungen,
  - immaterielle Produkte, wie Software oder
  - eine Kombination aus allen drei Produktarten;
    (diese Aufzählung ist nicht in der Norm enthalten)

📖 Es sind alle die Prüfungen als Prozesse mit Analyse und Bewertung der Prüfergebnisse zu planen, die erforderlich sind,
* um Konformität des QM-Systems mit den Forderungen und der Angemessenheit zu ermitteln, um
  - die Leistungsfähigkeit des Systems zu ermitteln,
  - die Erreichung der Ziele zu ermitteln,
  - notwendige Korrektur- und Vorbeugungsmaßnahmen abzuleiten,
  - Verbesserungspotential zu ermitteln.

📖 Regeln zur Prüfplanung schaffen:
* Planung der Qualitätsprüfungen durch z.B.
  - das Qualitätswesen
  - die Arbeitsvorbereitung
* Kriterien für die Erstellung von Prüfplänen anhand z.B.
  - der Fehlergewichtung
  - gemäß den Kundenforderungen
  - Schwierigkeitsgrad der Prüfung
  - Fertigkeiten des Personals
* Zeitpunkt der Prüfplanung
  - bei Auftragsannahme
  - während der Produktentwicklung
  - während der Fertigungsplanung (Arbeitsvorbereitung)
  - gelegentlich des Musterbaus oder der Probefertigung
* Inhalt und Struktur der Prüfpläne festlegen z.B. mit
  - Prüfspezifikationen
  - Festlegen der Prüfmerkmale, Merkmalswerte, Prüfverfahren, Prüfmittel
  - Prüfanweisung
    Anweisung zur Durchführung der Prüfung, z.B. gemäß Prüfspezifikation
  - Prüfablaufplan
    Festlegung der Abfolge der Prüfungen.

(Einsatz statistischer Methoden)

📖 Abläufe, insbesondere Prüfungen, daraufhin analysieren, ob und welche statistischen Methoden angemessen angewendet werden können.

* Hauptkriterien für die Anwendung statistischer Methoden sollte das Entstehen von Datenmengen sein. Schon das Berechnen von Durchschnitten, das Anfertigen und Auswerten von Strichlisten ist zu statistischen Methoden zu zählen.

📖 Die Anwendung statistischer Methoden zur Lösung qualitätsrelevanter Fragen kann sich beziehen auf
* Methoden der Beschreibung von Sachverhalten
* Methoden des Schätzens und Planens
* Methoden der Analyse
* Methoden der Entscheidungsfindung

📖 Verfahrensanweisungen für die Anwendung statistischer Methoden in den ermittelten Fällen erstellen, um die Methoden zu verwirklichen und ihren fachgerechten Einsatz zu überwachen.

* Verfahrensanweisungen für das Beschreiben von Datenmengen erstellen
  - Untersuchungen planen
  - Klassieren von Werten
  - Kennzahlen der Lage und Streuung berechnen
  - grafische Darstellungen anfertigen
* Verfahrensanweisungen für das Schätzen erstellen
  - Aussagesicherheit und Aussagegenauigkeit
  - Schätzverfahren für Qualitätsberichte festlegen
* Verfahrensanweisungen für Analysen zur Erkennung
  - von Ursachen und Einflüssen
  - von Zusammenhängen, Abhängigkeiten und Unterschieden
  - statistische Versuchsplanung
* Verfahrensanweisungen der Entscheidungsfindung bei bekanntem Risiko erstellen
  - Analysen der Qualitätsfähigkeit von Prozessen
  - Stichprobenverfahren im Wareneingang

- Regelkartentechnik (SPC)
- statistische Testverfahren.

8.2 Überwachung und Messung

8.2.1 Kundenzufriedenheit

(Ein Meisterstück internationaler Formulierungskünste)

☛ Die Organisation muß Informationen über die Wahrnehmung der Kunden in der Frage, ob die Organisation die Kundenforderungen erfüllt hat, als eines der Maße für die Leistung des Qualitätsmanagementsystems überwachen.

☛ Die Methoden zur Erlangung und zum Gebrauch dieser Informationen müssen festgelegt werden.

📖 Es muß die Beurteilung der Kundenzufriedenheit durch die Erfüllung der Kundenforderungen als eines der Maße für die Leistung des QM-Systems überwacht werden.

📖 Als Kundenzufriedenheit kann man sich z.B. vorstellen: Bewertung des Kunden, in welchem Grade sich sein Zustand durch die Leistung des Lieferanten unmittelbar verbessert hat.

📖 Verfahren zur Messung der Kundenzufriedenheit mit z.B. folgenden Schritten einrichten:
   * Informationen erfassen;
   * Analysieren und Bewerten;
   * Entscheidungen über Änderungen beschließen;
   * Änderungen realisieren und umsetzen;
   * Nachprüfen, ob die Änderungen angemessen und effizient sind.

📖 Bei der Messung der Kundenzufriedenheit kann man sich z.B. auf typische Informationen stützen:
   * Rückmeldungen über das Produkt;
   * Kundenforderungen, Wünsche und Erwartungen;

* Kundendienstdaten;
* veränderte Marktbedürfnisse;
* Markt- und Wettbewerbsinformationen;
* direkte Kommunikation mit Kunden;
* Fragebogen-Aktionen;
* Berichte von Verbraucherorganisationen;
* Branchenstudien.

8.2.2 Internes Audit

☞ Interne Audits müssen in geplanten Abständen durchgeführt werden, um zu ermitteln, ob das QM-System

☞ die im Kapitel 7.1 geplanten vier Regelungen, so weit angemessen, erfüllt
● Qualitätsziele und Qualitätsforderung an das Produkt;
● die Notwendigkeit,
  - Prozesse einzuführen,
  - Dokumente zu erstellen,
  - produktspezifische Ressourcen bereitzustellen;
● die erforderliche Verifizierungen, Validierungen und Prüfungen sowie Produktannahmekriterien;
● die erforderlichen Aufzeichnungen (siehe 4.2.4), um nachzuweisen,, daß die Qualitätsforderungen an Produkte und Realisierungsprozesse erfüllt werden,

☞ die Forderungen der ISO 9001 und Forderungen, die die Organisation festgelegt hat, erfüllt und

☞ wirksam verwirklicht und aufrecht erhält.

☞ Audits müssen als Programm besonders geplant werden, wobei Stand und Bedeutung der zu auditierenden Prozesse und Bereiche, sowie Ergebnisse früherer Audits berücksichtigt werden müssen.

Im Gegensatz zum externen Audit, bei dem nur formale Auditfragen gestellt werden, die sich aus der Norm ableiten, ist beim internen Audit die für jeden Bereich besondere Situation, wie sie z.B. in Anweisungen dokumentiert ist, zu erfragen und zu bewerten, so auch ganz besonders Ergebnisse früherer Audits.

☛ Die Auditkriterien, der Auditumfang, die Häufigkeit und die Methoden müssen festgelegt werden.
- Die Auswahl der Auditoren und das Auditieren müssen Objektivität und Unparteilichkeit des Audits sicherstellen.
- Auditoren dürfen ihre eigene Tätigkeit nicht auditieren.

Interne Qualitätsaudits sind systematische und von persönlichen Zwängen unabhängige Untersuchungen, um festzustellen, ob die qualitätsbezogenen Tätigkeiten und damit zusammenhängende Ergebnisse den geplanten Anordnungen entsprechen, und ob diese Anordnungen tatsächlich verwirklicht und geeignet sind, die Ziele zu erreichen.

Das Qualitätsaudit wird meist auf ein QM-System oder auf QM-Elemente, auf Prozesse oder auf Produkte angewendet. Solche Qualitätsaudits werden daher auch „System-Audit", „Verfahrensaudit", „Produktaudit" genannt. Von Verfahrensaudit und Produktaudit wird gesprochen, wenn die Wirksamkeit von QM-Elementen anhand von Verfahren und Produkten untersucht wird. Beim Systemaudit geht es um die Untersuchung der Wirksamkeit des QM-Systems als Ganzes. Dabei sind System-Audit, Dienstleistungs- und Verfahrensaudit nicht einfach unterscheidbar.

Das Produktaudit bezieht sich auf materielle Produkte. Vom Dienstleistungsaudit wird gesprochen, wenn sich das Audit auf das immaterielle Produkt Dienstleistung bezieht.

Ziel und Zweck interner Audits können umfassen:
* die Wirksamkeit des QM-Systems zu beurteilen;

* Schwachstellen zu erkennen;
* Abhilfemaßnahmen zu beschließen und zu veranlassen;
* die Realisierung der Maßnahmen zu überwachen;
* die Wirksamkeit von Korrektur- und Vorbeugungsmaßnahmen zu beurteilen.

Diese Ziele sollten zum internen Qualitätsaudit im Einzelfall besonders konkretisiert werden.

Als Auditoren kommen nur Mitarbeiter in Frage, die folgende Bedingungen erfüllen:
* Sie müssen die Aufbau- und Ablauforganisation des Unternehmens, insbesondere sein QM-System kennen;
* Sie müssen zum Kreis der Führungskräfte zählen;
* Sie dürfen in dem zu auditierenden Bereich weder Verantwortung noch Kompetenzen haben;
* Sie müssen sich mit dem Unternehmen identifizieren;
* Ihnen muß bewußt sein, daß sie die zu Auditierenden kollegial unterstützen müssen. Vor allem, wenn Schwachstellen aufgedeckt wurden.

Zweckmäßigerweise sind interne Audits in einer Audit-Matrix grob zu planen (Kopfzeile: Stellen- oder Funktionsbezeichnungen; Seitenzeile links: Aufgaben, Tätigkeiten).

Die Matrix-Felder sind einerseits für die Zeitplanung verwendbar, in dem die Audit-Termine dort eingetragen werden. Andererseits dienen die Felder der Kennzeichnung durch Ankreuzen, in dem ein Kreuz auf die Beziehung QM-Element/Stelle oder Funktion hinweist.

Nach dieser Grobplanung, die einerseits der Abschätzung des Befragungsumfangs dient und andererseits die zu auditierenden Stellen über Umfang und Inhalt des Audits informiert, ist die Feinplanung vorzunehmen.

Bei der Feinplanung geht es
* um die Formulierung der
* Audit-Fragen für die einzelnen Bereiche;

* die Auditfragen für die jeweiligen Stellen, Funktionen oder Bereiche zielen auf die in Dokumenten festgelegten Tätigkeiten und Abläufe;
* und auf die Fragen:
  - ob und wie die qualitätsbezogenen Tätigkeiten und die damit zusammenhängenden Ergebnisse den geplanten Anordnungen entsprechen;
  - ob und wie die Anordnungen wirkungsvoll verwirklicht sind;
  - ob und wie die Anordnungen geeignet sind, die vorgegebenen Ziele zu erreichen.
* Darüber hinaus sollte beim Audit die Effizienz der Tätigkeiten und Abläufe ermittelt werden.

📖 Es ist äußerst zweckmäßig, das zu auditierende Personal auf erste Audits vorzubereiten, zu trainieren.

☛ Verantwortung und Forderungen zur Planung und Durchführung von Audits, sowie zur Berichterstattung über Ergebnisse und zur Führung von Aufzeichnungen (4.2.4) müssen als Verfahren dokumentiert sein.

📖 Zur Planung und Durchführung interner Audits ist von der Organisation ein umfassendes Verfahren zu planen und zu verwirklichen, das sich auch auf die Berichterstattung und auf Aufzeichnungen erstreckt, wie zuvor schon behandelt.

📖 Verfahrensanweisungen für die Planung interner Systemaudits sollten enthalten
* den Auditplan mit z.B.:
  - Auditziel
  - zu auditierende Organisationseinheiten oder Systemteile
  - zu auditierendes Personal
  - zu auditierende Tätigkeiten
  - Referenzdokumente
  - Auswahl der Auditoren
  - Zeitpunkt und Dauer des Audits
  - Verteiler für den Auditbericht

* Arbeitsdokumente wie z.B.
  - Audit-Matrix
  - Fragenkatalog
  - Checklisten
  - Vordrucke für die Berichterstattung

▣ Verfahrensanweisungen für die Durchführung interner Systemaudits sollten Tätigkeiten des Auditierens und Berichtens enthalten
* Sammeln von Nachweisen durch
  - Befragen
  - Prüfen von Unterlagen
  - Beobachten von Tätigkeiten
* Auditfeststellungen
  - Aufzeichnen
  - Prüfen, um zu entscheiden, was als Unzulänglichkeit gefunden wurde
  - Unzulänglichkeiten durch Nachweise belegen und eindeutig dokumentieren
* Zusammenstellen des Auditberichts
  - Beurteilung der Unzulänglichkeiten, inwieweit die Forderungen der Darlegungsnorm erfüllt werden
  - Auditbericht erstellen
  - Auditbericht herausgeben und verteilen
  - Auditbericht erläutern und diskutieren

☞ Die für den auditierten Bereich zuständige Leitung muß sicherstellen, daß Maßnahmen ohne ungerechtfertigte Verzögerung zur Beseitigung erkannter Fehler und ihrer Ursachen ergriffen werden.

▣ Die Leitung des auditierten Bereichs muß ohne Verzögerung Korrekturmaßnahmen zur Beseitigung erkannter Fehler und ihrer Ursachen einleiten. Wie sie dies organisiert, ist unter 8.5.2 zu beschreiben.

▣ Die Antworten auf die Auditfragen sollten während des Audits zur Auswertung dokumentiert werden.

📖 Außerdem bietet sich eine Kurzbewertung an, z.B. nach Noten:

1 bedeutet „gut erfüllt"

2 ist „noch akzeptabel"

3 „reicht nicht mehr aus"

☛ Folgemaßnahmen müssen die Verifizierung der ergriffenen Maß-nahmen und die Berichterstattung über die Verifizierungsergeb-nisse enthalten (siehe 8.5.2).

📖 Durch Audits begründete Folgemaßnahmen müssen verifiziert werden, das heißt, die Wirksamkeit der Korrekturmaßnahmen muß durch Verifizierung nachgewiesen werden, wie auch in 8.5.2 be-schrieben.

📖 Für interne Audits sollten auch die Ergebnisse der QM-Bewertung (5.6) zum Anlaß genommen werden, insbesondere die Verifi-zierung der Korrekturmaßnahmen.

8.2.3 Überwachung und Messung von Prozessen

☛ Es müssen geeignete Methoden zur Überwachung und, falls zu-treffend, der Messung der Prozesse des QM-Systems angewendet werden.

☛ Diese Methoden müssen geeignet sein, darzulegen, daß die Pro-zesse in der Lage sind, die geplanten Ergebnisse zu erreichen.

📖 Mit Überwachung und Messung von Prozessen ist Prozeßlenkung gemeint. Das sind in der QM-Fachsprache:

Die vorbeugenden, überwachenden und korrigierenden Tätig-keiten bei der Verwirklichung eines Prozesses mit dem Ziel, un-ter Einsatz von Qualitätstechnik die Qualitätsforderung zu erfül-len.

📖 Es müssen geeignete Methoden der Prozeßlenkung für die unter Punkt 4.1 bestimmten Prozesse des QM-Systems in z.B. Verfahrensanweisungen beschrieben werden. Zu diesen zu lenkenden Prozessen zählen:

* Herstellprozesse, in denen materielle Produkte für Kunden erzeugt werden,
* Dienstleistungsprozesse, in denen durch Tätigkeiten Dienstleistungen erbracht werden,
* Geschäftsprozesse, in denen Informationen transportiert und umgeformt werden.

📖 Die Methoden müssen geeignet sein, die Effektivität (Wirksamkeit) und Effizienz (Leistungsfähigkeit) der QM-Prozesse aufzuzeigen,

📖 Es sind die Methoden zur Überwachung, das heißt, zur Bewertung der Wirksamkeit und Leistungsfähigkeit der QM-Prozesse mit Zuständigkeiten für die

* Überwachung,
* Datenerfassung und Aufzeichnung,
* Analyse der Bewertung der Daten,
* Berichterstattung,

in z.B. Verfahrensanweisungen, Prüf- und Arbeitsanweisungen vorzugeben.

📖 Zur Bewertung der Prozesse sollten unternehmensinterne Kennzahlen gebildet werden, die turnusmäßig ausgewertet werden, also z.B.:

* Mittelwerte,
* Spannweiten,
* Verhältniszahlen,
* Trend-Entwicklungen.

📖 Die statistischen Überwachungsmethoden sind denen des betriebswirtschaftlichen Controllings sehr ähnlich, was man bei der Darlegung nutzen sollte.

📖 Die Wirksamkeit der Prozesse kann z.B. anhand der folgenden „Meßgrößen" bewertet werden, die vor Einsatz der Methoden für jeden Prozeß zu planen sind:

* Kundenzufriedenheit,

* Arbeitssicherheit,
* Termintreue,
* Anzahl der Fehler,
* Nacharbeiten,
* Mehrarbeit,
* Ausschuß,
* Fehlerkosten,
* Wertminderungen.

📖 Die Leistungsfähigkeit der Prozesse kann z.B. anhand der folgenden „Meßgrößen" bewertet werden, die vor Einsatz der Methoden für jeden Prozeß zu planen sind:
* Taktzeiten,
* Auslastung,
* Durchlaufzeiten,
* Bearbeitungszeiten,
* Liegezeiten,
* Stillstandszeiten,
* Ausfallzeiten,
* Reparaturhäufigkeiten.

☞ Werden die geplanten Ergebnisse nicht erreicht, müssen, soweit angemessen, Korrekturen ergriffen werden, um die Produktkonformität sicherzustellen.

📖 Die Forderungen nach Korrekturen an Prozessen ist so selbstverständlich, daß sie zu erwähnen überflüssig erscheint. Dennoch sollten hier die Korrekturmaßnahmen in z.B. Verfahrensanweisungen geplant und festgelegt werden, wie und welche Maßnahmen ergriffen werden, wenn die geplanten Ergebnisse nicht erreicht werden.
Hier dürfte der Hinweis auf die Ausführungen in Kapitel 8.5 für die Darlegung genügen.

8.2.4 Überwachung und Messung des Produkts

☞ Es müssen die Produktmerkmale verifiziert werden, um zu bestätigen und nachzuweisen, daß die festgelegten Qualitätsforderungen erfüllt worden sind (Verifizierung).

☞ Diese Verifizierung muß in geeigneten Phasen des Produktrealisierungsprozesses in Übereinstimmung mit der Planung, wie sie in Kapitel 7.1 beschrieben ist, durchgeführt werden.

📖 Es ist oft ratsam mit einem Prüfablaufplan oder QM-Plan einen Überblick über die im Produktrealisierungsprozeß angeordneten Prüfungen zu geben, von der Eingangsprüfung über Zwischenprüfungen bis hin zu Endprüfungen.

Eingangsprüfung

📖 Darlegen, wie sichergestellt ist, daß zugelieferte Produkte nur geprüft oder in anderer Weise freigegeben, verarbeitet oder weitergegeben werden, ausgenommen Produkte mit Sonderfreigabe.

📖 Regeln zur Eingangsprüfung und zum Freigabeverfahren durch Prüfplanung festlegen, z.B. zur
 * Identitätsprüfung
 * Prüfung auf Unversehrtheit
 * Sichtprüfung
 * Qualitätsprüfung mit Prüfmittel-Einsatz
 * 100%-Prüfung oder Stichprobenprüfung.

📖 Freigabeverfahren und Konsequenzen bei Beanstandungen festlegen.

📖 Verfahren und Ablauf der Wareneingangsprüfung festlegen
 * Wareneingangsmeldung
 * getrennter Lagerbereich für ungeprüfte Lieferungen
 * Identifikation und Kennzeichnung
 * Prüfpläne, Prüfanweisungen
 * Prüfschärfen-Regulierung.

📖 Bei der Festlegung der Eingangsprüfungen hinsichtlich Umfang und Intensität ist die Qualitätsfähigkeit der Lieferanten zu berücksichtigen, das bedeutet:
* Erfahrungen aus vorausgegangenen Lieferungen, wie in Kapitel 7.4.1 behandelt, einbeziehen;
* Mitliefern von Prüfbescheinigungen, z.B. nach DIN 50 049 oder jetzt nach EN 10 204 berücksichtigen;
* Bewertung des QM-Systems des Lieferanten durch Audits des Kunden oder durch akkreditierte Zertifizierer.

Zwischenprüfungen

📖 Geeignete Zwischenprüfungen sind im Kapitel 7.1 beschrieben. Sie sollten eng mit der Prozeßüberwachung gekoppelt sein und auch so dargelegt werden, wie z.B.
* Erst- und Letztstückprüfungen beim Einrichten der Fertigung und an ihrem Ende
* Prozeßlenkung durch SPC
* Parameter-Überwachung

📖 Regeln für Zwischenprüfungen entwickeln
* Ablauf und Methode festlegen, in
  - Prüfspezifikationen mit Prüfmerkmalen, Merkmalswerten, Prüfverfahren, Prüfmittel
  - Prüfanweisungen zur Durchführung der Prüfungen, z.B. gemäß Prüfspezifikation
  - Prüfablaufplan mit Festlegung der Abfolge von Prüfungen
* statistische Lenkungsmethoden festlegen
* Identifikation und Kennzeichnung der Produkte
* Art und Umfang von Qualitätsdaten
* Prozeß- und Parameterüberwachung
* Selbstprüfung und die Überwachung der Selbstprüfung.

Endprüfungen

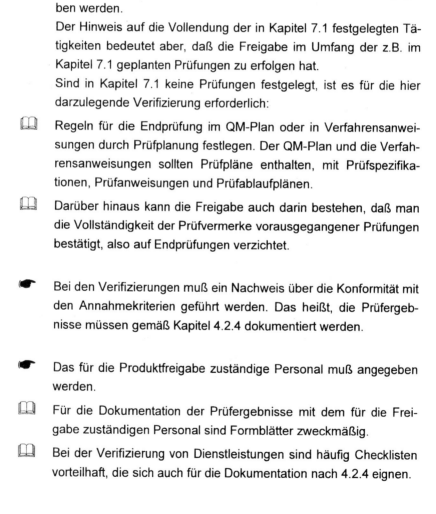

Produktfreigabe und Dienstleistungserbringung dürfen erst nach zufriedenstellender Vollendung der festgelegten Tätigkeiten (siehe 7.1) erfolgen, sofern nicht anderweitig von einer zuständigen Stelle und, falls zutreffend, durch den Kunden genehmigt.

Durch obige Formulierung entsteht der Eindruck, als müsse jedes Produkt vor der Übergabe an den Kunden verifiziert und freigegeben werden.

Der Hinweis auf die Vollendung der in Kapitel 7.1 festgelegten Tätigkeiten bedeutet aber, daß die Freigabe im Umfang der z.B. im Kapitel 7.1 geplanten Prüfungen zu erfolgen hat.

Sind in Kapitel 7.1 keine Prüfungen festgelegt, ist es für die hier darzulegende Verifizierung erforderlich:

Regeln für die Endprüfung im QM-Plan oder in Verfahrensanweisungen durch Prüfplanung festlegen. Der QM-Plan und die Verfahrensanweisungen sollten Prüfpläne enthalten, mit Prüfspezifikationen, Prüfanweisungen und Prüfablaufplänen.

Darüber hinaus kann die Freigabe auch darin bestehen, daß man die Vollständigkeit der Prüfvermerke vorausgegangener Prüfungen bestätigt, also auf Endprüfungen verzichtet.

Bei den Verifizierungen muß ein Nachweis über die Konformität mit den Annahmekriterien geführt werden. Das heißt, die Prüfergebnisse müssen gemäß Kapitel 4.2.4 dokumentiert werden.

Das für die Produktfreigabe zuständige Personal muß angegeben werden.

Für die Dokumentation der Prüfergebnisse mit dem für die Freigabe zuständigen Personal sind Formblätter zweckmäßig.

Bei der Verifizierung von Dienstleistungen sind häufig Checklisten vorteilhaft, die sich auch für die Dokumentation nach 4.2.4 eignen.

📖 Die Dokumentation der Prüfergebnisse sollte nach Art, Inhalt und Umfang in Verfahrensanweisungen geplant sein, mit Verantwortung für das Erstellen der Aufzeichnungen, Aufbewahrung und Verwaltung.

8.3 Lenkung fehlerhafter Produkte

Allgemeines

Es sind bei diesem Thema drei Produktkategorien zu beachten, weil die Lenkungsmaßnahmen, vor allem die nach Auslieferung an den Kunden, sehr unterschiedlich sein können. Das betrifft die Kategorie der materiellen Produkte und die der immateriellen Produkte wie Dienstleistungen und Software.

☛ Es muß sichergestellt werden, daß fehlerhafte Produkte gekennzeichnet und gelenkt werden, um Gebrauch und Auslieferung zu verhindern.

☛ Die Handhabung fehlerhafter Produkte muß mit allen Zuständigkeiten als Verfahren dokumentiert werden. Zur Handhabung zählen und sind darzulegen, um mit fehlerhaften Produkten umzugehen:
- Maßnahmen, um erkannte Fehler zu beseitigen;
- Genehmigung zum Gebrauch, zur Freigabe oder Annahme nach Sonderfreigabe durch eine zuständige Stelle und falls zutreffend durch den Kunden;
- Maßnahmen ergreifen, um den ursprünglich beabsichtigten Gebrauch oder die Anwendung auszuschließen.

📖 Zum Umgang mit fehlerhaften Produkten ist ganz allgemein zweckmäßig, die Voraussetzungen dafür zu schaffen und darzulegen. Das sind die folgenden Punkte:

📖 Regeln entwickeln zur Handhabung fehlerhafter eigener und zugelieferter Produkte, um ihre Weitergabe zu verhindern:
* Kennzeichnung und Identifikation der Produkte
* Beschreiben des Fehlers mit
    - Fehlerort
    - Fehlerart
    - Fehlerschwere
    - Fehlerursache, wenn möglich.
* Wenn angemessen, getrenntes Lagern und Transportieren
    - Sperrlager
    - besondere Kennzeichnung
    - Unbrauchbarmachen.

📖 Fehlermeldeverfahren entwickeln, z.B. über Vordruck mit Vorgabe des Informationsweges (Zwangslauf):
* Meldepflicht festlegen
* Informationswege für alle Beteiligten festlegen
* Informationsart und Umfang vorgeben und festlegen
    - Fehlerart
    - Fehlerort
    - Fehlerschwere
    - Fehlermenge

📖 Verfahren der internen und externen Sonderfreigabe entwickeln, z.B. über Vordrucke zur Fehlerbeschreibung und Vorgabe des Entscheidungsweges (Zwangslauf):
* Fehlerbeschreibung und Fehlerbewertung
    - Fehlerort
    - Fehlerart
    - Fehlerschwere
    - Fehlermenge
    - Fehlerursache
    - geplante Korrekturmaßnahmen
* Ablauf bei Antrag auf Sonderfreigabe
* Ablauf des Genehmigungsverfahrens mit Zuständigkeiten.

📖 Entscheidungsverfahren für die Bewertung und Behandlung in der Organisation erkannter fehlerhafter Produkte festlegen mit
* Informations-, Entscheidungswegen und Bedingungen;
* Zuständigkeiten;
* Informationspflichten gegenüber beteiligten Stellen hinsichtlich Konsequenzen.

Die Entscheidungen können z.B. sein:
* Nacharbeit, um bei einem fehlerhaften Produkt nachträglich die Qualitätsforderung zu erfüllen. Nacharbeit erfordert erneute Verifizierung;
* mit oder ohne Reparatur durch Sonderfreigabe angenommen;
* für andere Verwendungen neu eingestuft;
* Ausschuß, entsorgen.

📖 Bei Serienprodukten sollten grundsätzlich alle Bestände ermittelt werden, in denen ebenfalls Fehler zu vermuten sind.

☛ Wird ein fehlerhaftes Produkt nach der Auslieferung oder im Gebrauch entdeckt, müssen Maßnahmen ergriffen werden, die den möglichen Folgen des Fehlers angemessen sind.

📖 Bewertung und Behandlung fehlerhafter Produkte in Kundenhand mit den Entscheidungen:
* Rückruf,
* Nacharbeit,
* Sonderfreigabe durch Kunden,
* Ersatzlieferung, Ersatzleistung,
* Schadensausgleich.

📖 Bei fehlerhaften Produkten, insbesondere bei fehlerhaften Dienstleistungen sollten grundsätzlich kompetente Ansprechpartner für Kunden bestimmt werden.

☛ Es müssen die Art der Fehler und die ergriffenen Folgemaßnahmen einschließlich der Sonderfreigaben gemäß Kapitel 4.2.4 aufgezeichnet werden.

📖 Aufzeichnungen sind nur bei systematischen Fehlern sinnvoll, nicht aber bei zufälligen Fehlern.

📖 Für Aufzeichnungen bieten sich die Formblätter des Fehlermeldeverfahrens an. Bei Sonderfreigaben sollte das ganze Freigabeverfahren dokumentiert werden.

📖 Um die Fehler-Ursachen zu finden, sollte man Datenanalyse gemäß Kapitel 8.4 betreiben.

8.4 Datenanalyse

☛ Es sind solche Daten auszuwählen, zu erfassen und zu analysieren, mit denen die Eignung und Wirksamkeit des QM-Systems dargelegt und beurteilt werden kann, wo ständige Verbesserungen der Wirksamkeit des QM-Systems vorgenommen werden können.

☛ Dazu gehören Daten, die durch Überwachung und Messung und aus anderen relevanten Quellen gewonnen wurden, z.B. aus den Hauptabschnitten 7 und 8, aber z.B. auch aus Kapitel 5.6.

☛ Die Datenanalyse muß Ergebnisse liefern zu
- Kundenzufriedenheit (8.2.1),
- Erfüllung der Produktforderungen (7.2.1),
- Prozeß- und Produktmerkmale und deren Trends einschließlich Möglichkeiten für Vorbeugungsmaßnahmen, und
- Lieferanten (8.2.3/8.2.4/7.4.1).

📖 Zur Analyse und Beurteilung der Kundenzufriedenheit können z.B. als Daten verwendet werden:
* Ergebnisse von Kundenbefragungen;
* Kundenreklamationen;
* Ausfälle während der Nutzung,
* Ausfall-Häufigkeiten,

* Gewährleistungsfälle,
* Reparatur-Häufigkeiten, Stillstandszeiten,
* Rücklieferungen,
* Falsch- und Fehllieferungen,
* Termintreue.

Zur Analyse und Beurteilung der Erfüllung der Kundenforderungen könnten z.b. als Daten verwendet werden:
* Fehlerhäufigkeiten, absolut und relativ,
* Fehlerkosten,
* Kundenreklamationen
* Ausfälle während der Nutzung,
* Ausfall-Häufigkeiten,
* Gewährleistungsfälle,
* Reparatur-Häufigkeiten,
* Lebensdauer und Zuverlässigkeit,
* Zwischen- und Endprüfungen,
* Produktaudits.

Zur Analyse und Beurteilung der Prozeß- und Produktmerkmale und deren Trends könnten z.b. als Daten verwendet werden:
* Fehlerhäufigkeiten, absolut und relativ,
* Fehlerkosten,
* Qualitätsfähigkeitsindizes,
* Be- und Verarbeitungszeiten,
* Stillstandszeiten,
* Taktzeiten,
* Stördauern und -Häufigkeiten (Unklardauer).

Es ist allerdings kaum erklärbar, wie festgelegte Merkmale einen Trend haben können. Analysierbar ist nur der Trend von Merkmalswerten.

Zur Analyse und Beurteilung der Lieferanten könnten z.B. als Daten verwendet werden:
* Ergebnisse von Eingangsprüfungen,
* Auditergebnisse bei Lieferanten,
* Termintreue,

* Reklamationen,
* Reaktionszeiten und Flexibilität.

📖 Aus diesen Daten sollten Kennzahlen gebildet werden. Das sind zumeist Verhältniszahlen, wie sie im betriebswirtschaftlichen Controlling üblich sind.

📖 Kennzahlen sollten so gewählt werden, daß sie die wesentlichen Prozesse in ihrer Wirksamkeit erkennen lassen und auf Verbesserungspotentiale hinweisen.

📖 Zu einem wirksamen QM-System gehören leistungsfähige Werkzeuge der Analyse und Beurteilung. Auch wenn diese Norm hier keinerlei Forderungen stellt, ist es sehr vorteilhaft, geeignete statistische Methoden anzuwenden und auch darzulegen.

📖 Abläufe, insbesondere Prüfungen, daraufhin analysieren, ob und welche statistischen Methoden angemessen angewendet werden können.
* Hauptkriterien für die Anwendung statistischer Methoden sollte das Entstehen von Datenmengen sein. Schon das Berechnen von Durchschnitten, das Anfertigen und Auswerten von Strichlisten ist zu den statistischen Methoden zu zählen.

📖 Die Anwendung statistischer Methoden zur Lösung qualitäsrelevanter Fragen kann sich beziehen auf
* Methoden der Beschreibung von Sachverhalten
* Methoden des Schätzens und Planens
* Methoden der Analyse
* Methoden der Entscheidungsfindung

📖 Verfahrensanweisungen für die Anwendung statistischer Methoden in den ermittelten Fällen erstellen, um die Methoden zu verwirklichen und ihren fachgerechten Einsatz zu überwachen.
* Verfahrensanweisungen für das Beschreiben von Datenmengen erstellen
  - Untersuchungen planen
  - Klassieren von Werten
  - Kennzahlen der Lage und Streuung berechnen

- grafische Darstellung anfertigen
* Verfahrensanweisungen für das Schätzen erstellen
- Aussagesicherheit und Aussagegenauigkeit
- Schätzverfahren für Qualitätsberichte festlegen
* Verfahrensanweisungen für Analysen zur Erkennung
- von Ursachen und Einflüssen
- von Zusammenhängen, Abhängigkeiten und Unterschieden
- statistische Versuchsplanung

8.5 Verbesserung

8.5.1 Ständige Verbesserung

☞ Es muß die Wirksamkeit des QM-Systems durch Einsatz der
- Qualitätspolitik,
- Qualitätsziele,
- Auditergebnisse,
- Datenanalyse,
- Korrekturmaßnahmen,
- Vorbeugungsmaßnahmen,
- Managementbewertung

ständig verbessert werden.

📖 Was der Einsatz der Qualitätspolitik, der Qualitätsziele, Audit-ergebnisse, Datenanalyse, Korrektur- und Vorbeugungsmaß-nahmen und Managementbewertung mit ständiger Verbesserung des QM-Systems direkt zu tun hat, ist in der neuen Ausgabe der ISO 9001 nicht eindeutig geklärt.

📖 Die obigen Forderungen könnten bedeuten: Das QM-System muß ständig verbessert werden
* durch die Umsetzung der Qualitätspolitik;
* durch Erreichen der Qualitätsziele;
* an Hand der Auditergebnisse;

* auf Basis von Datenanalysen;
* mit Hilfe von Korrektur- und Vorbeugungsmaßnahmen;
* und durch QM-Bewertungen.

📖 Um die erfolgreiche Entwicklung des QM-Systems durch die sieben und andere Einsatzfaktoren zeigen zu können, sind statistische Methoden unerläßlich.

📖 Kenngrößen sollten so gewählt werden, daß sie Ansatzpunkte für ständige Verbesserungen bieten und Auskunft über alle Tätigkeiten und Funktionen hinsichtlich der Verbesserung der Wirksamkeit des QM-Systems liefern können.

📖 Für ständige Verbesserungen der Wirksamkeit des QM-Systems sollte Kapitel 5.6 praktische Hinweise geben.

📖 Um die Forderungen nach ständiger Verbesserung zu erfüllen und darzulegen, kann man Kennzahlen für die zuvor aufgezählten sieben Einsatzfaktoren bilden, wobei ausdrücklich zu beachten ist, daß grundsätzlich die Angemessenheit derartiger Kennzahlen kritisch zu betrachten ist.

📖 Von der Entwicklung der einzelnen Kennzahlen sind dann Verbesserungsmaßnahmen oder sogar Projekte ableitbar.

8.5.2 Korrekturmaßnahmen

(Allgemeines zu Korrektur- und Vorbeugungsmaßnahmen)

Zur Abgrenzung zu ähnlichen Themen ist bedeutsam, daß es sich hier nicht um Korrektur von Produktfehlern handelt, sondern um Korrekturmaßnahmen bei Fehlerursachen.

Für die Verwirklichung von Korrektur- und Vorbeugungsmaßnahmen zur Beseitigung von Fehlerursachen ist zwischen tatsächlichen und möglichen Fehlern zu unterscheiden, weil zu ihrem Erkennen unterschiedliche Analysenarten erforderlich sind:

* Korrekturmaßnahmen können nur von tatsächlichen Fehlern abgeleitet werden. Die Analyse bezieht sich infolgedessen auf die Ursachen tatsächlicher Fehler.
* Vorbeugungsmaßnahmen können ebenfalls von tatsächlichen Fehlern abgeleitet werden. Sie zielen aber auf die Vermeidung möglicher Fehler. Deswegen beziehen sich die Analysen nicht auf Fehlerursachen, sondern zunächst auf mögliche Fehler.

☞ Es müssen Korrekturmaßnahmen zur Beseitigung der Fehlerursachen ergriffen werden, um Wiederholfehler zu verhindern.

📖 Schon bei der Datenanalyse gemäß Kapitel 8.4 sollte aufgrund der statistischen Auswertung, z.B. durch eine Pareto-Analyse festgelegt werden, welche Fehler man aufgrund ihrer Häufigkeiten zu den zufälligen und welche zu den systematischen, sich häufig wiederholenden zählen will.

☞ Korrekturmaßnahmen müssen den Fehlerfolgen angemessen sein.

📖 Um ein erneutes Auftreten eines Fehlers zu vermeiden, müssen die Ursachen von Fehlern während der Auftragsplanung und während der Auftragsabwicklung erkannt und analysiert werden.

📖 Um ein erneutes Auftreten eines Fehlers oder einer Störung zu verhindern, müssen die Ursachen durch Korrekturmaßnahmen beseitigt werden.

Die Korrekturmaßnahmen müssen dem Schadensrisiko entsprechen (angemessen sein).

📖 Das Erfordernis von Korrekturmaßnahmen ergibt sich aus erkannten Fehlern. Fehler werden im allgemeinen erkannt
* beim Bearbeiten der Kundenreklamationen,
* bei Prüfungen nach oder während einzelner Tätigkeiten oder Abläufe,
* bei internen Audits.

📖 Für die in diesen drei Bereichen erkannten Fehler kann man drei Ursachen-Analysen organisieren:

* die Analyse der Kundenreklamationen,
* die Analyse der Fehlermeldungen,
* die Analyse der Auditprotokolle mit aufgezeigten Fehlern und Problemen.

📖 Regeln entwickeln und in Verfahrensanweisungen festschreiben.
* Planen von Untersuchungen, um die Ursachen mit Hilfe statistischer Methoden zu analysieren
* Analysieren der Ursachen in
  - Prozessen;
  - Arbeitsfolgen;
  - Arbeitsunterlagen, qualitätsbezogenen Dokumenten;
  - Sonderfreigaben;
  - Kundendienstberichten, Schadensmeldungen;
  - Reklamationen;
  - sonstigen Qualitätsaufzeichnungen.

📖 Regeln entwickeln zur Bewertung der Fehlerschwere, um das Schadensrisiko abzuschätzen, z.B. durch
* Gewichtung der Qualitätsmerkmale
* Fehlergewichtung
wobei beide Gewichtungen schon anläßlich der Qualitätsplanung (7.2, 7.3) und der Prüfplanung (8.1, 8.2) erfolgt sein sollten.

☛ Es muß ein Verfahren eingeführt und dokumentiert werden, um Forderungen festzulegen zur
• Bewertung der Fehler;
• Ermittlung der Ursachen von Fehlern;
• Beurteilung des Handlungsbedarfs zur Verhinderung des erneuten Auftretens von Fehlern;
• Festlegung und Verwirklichung der erforderlichen Korrekturmaßnahmen;
• Aufzeichnung der Ergebnisse von ergriffenen Maßnahmen;
• Bewertung der ergriffenen Korrekturmaßnahmen,.

📖 Die Korrekturmaßnahmen sind in Verfahrensanweisungen festzulegen, wobei zweckmäßigerweise zwei Bereiche zu unterscheiden
sind:
* Fehler am Auftrag oder am Angebotsprodukt, also
  - am materiellen Produkt;
  - an einer Dienstleistung;
  - in einer Software.
  Hier können Korrekturmaßnahmen meist unmittelbar festgelegt,
  angeordnet und realisiert werden, was in Verfahrensanweisungen beschrieben werden sollte.
* Fehler im System oder Störungen in der Organisation. Diese erkannten Fehler sollten zunächst z.b. auf einem Formblatt „Kor-
  rektur- und Vorbeugungsmaßnahmen" als Feststellung dokumentiert werden, denn zur Beseitigung ihrer Ursachen bedarf es
  meist eines größeren Aufwandes.

📖 Bei Korrekturmaßnahmen für Fehler im System oder Störungen in
der Organisation sind mindestens sechs Schritte zu beachten und
in Verfahrensanweisungen festzuschreiben:
* Korrekturmaßnahmen ergeben sich aus erkannten Fehlern.
  Deswegen sollte auf die Informationsquellen für die Fehlerer-
  kennung hingewiesen werden.
* Analyse der Fehler, um die Ursachen zu ermitteln. Die Analyse
  sollte sich beziehen auf
  - die Art des Fehlers oder auf seine Ausprägung und auf
  - die Häufigkeit des Auftretens des Fehlers oder der Störung.
* Bestimmen des Schadensrisikos, um den Handlungsbedarf zur
  Verhinderung des erneuten Auftretens von Fehlern zu beurteilen, also die Bedeutung des Fehlers und die Prioritäten der Korrekturmaßnahmen abschätzen.
* Festlegen geeigneter Korrekturmaßnahmen, realisieren und
  überwachen der Realisierung.
* Aufzeichnen und berichten der Ergebnisse von Korrekturmaßnahmen.

* Bewerten der Ergebnisse von realisierten Korrekturmaßnahmen.

📖 Für die Entwicklung, Realisierung und Bewertung von Korrekturmaßnahmen bietet sich in Verbindung mit den sechs Schritten
die System-FMEA für Prozesse an.

8.5.3 Vorbeugungsmaßnahmen

☞ Es müssen Maßnahmen zur Beseitigung der Ursachen von möglichen Fehlern festgelegt werden, um deren wiederholtes Auftreten
zu verhindern.

☞ Vorbeugungsmaßnahmen müssen den Folgen der möglichen Probleme angemessen sein.

📖 Um ein Auftreten möglicher Fehler oder Störungen zu verhindern,
müssen die Ursachen möglicher Fehler erkannt und durch Vorbeugungsmaßnahmen beseitigt werden.
Die Vorbeugungsmaßnahmen müssen dem Schadensrisikos entsprechen (angemessen sein).

📖 Die Vorbeugungsmaßnahmen sind in Verfahrensanweisungen
festzulegen, wobei auch hier wieder zwei Bereiche wie zuvor zu
unterscheiden sind:
* mögliche Fehler im System oder mögliche Störungen in der
Organisation.

📖 Diese Unterscheidung ist zweckmäßig, weil sich hier die Fehlerbe-
wertungsmethoden, bekannt als FMEA-Werkzeug, mit großem
Nutzen anwenden lassen:
* System-FMEA für Produkte
* System-FMEA für Prozesse
* System-FMEA für QM-Elemente (Elemente des QM-Systems)

☞ Es ist ein Verfahren zu entwickeln und zu dokumentieren, in dem folgende Forderungen festgelegt sind:

- Erkennen möglicher Fehler und ihrer Ursachen,
- Beurteilen des Handlungsbedarfs, um das Auftreten von Fehlern zu verhindern,
- Bestimmen und verwirklichen der erforderlichen Vorbeugungsmaßnahmen,
- Aufzeichnung der Ergebnisse der ergriffenen Maßnahmen (siehe 4.2.4),
- Bewerten der ergriffenen Vorbeugungsmaßnahmen.

📖 Bei Vorbeugungsmaßnahmen sollten mindestes fünf Schritte beachtet werden:

* Erkennen potentieller Fehler;
* Analysieren der Fehlerursachen;
* Festlegen der Vorbeugungsmaßnahmen;
* Überwachen der Realisierung der Vorbeugungsmaßnahmen;
* Erfassen und aufzeichnen der Ergebnisse der realisierten Vorbeugungsmaßnahmen;
* Bewerten und berichten der Ergebnisse der Vorbeugungsmaßnahmen;
* Korrigieren der Maßnahmen aufgrund der Ergebnisse der realisierten Maßnahmen.

📖 Vorbeugungsmaßnahmen ergeben sich aus erkannten Fehlerursachen. Deswegen sollten Informationsquellen gesucht werden, wie z.B.:

* Aufzeichnungen aus Prozessen und Tätigkeiten
* Sonderfreigaben
* Qualitätsaudits
* Wartungs- und Reparaturberichte
* Kundenreklamationen
* Fehlerbewertungen, wie FMEA
* Erstmusterprüfungen
* Letztstückprüfungen
* Datenanalysen

📖 Um die Ursachen möglicher Fehler, Beziehungen und Wechselwirkungen zu erkennen, kann man sich neben den FMEA-Metho-
den auch anderer Werkzeuge bedienen, wie z.b.:

* Fehlerbaum-Analyse (auch Ursache-Wirkungs-Diagramm, Is-
  hikawa-Diagramm, Fischgräten-Diagramm genannt)
* Ereignisablauf-Analyse (DIN 25 419).

9. Hilfen zur Planung des unternehmensspezifischen QM-Systems

Mitte der 90er Jahre war die Unsicherheit derer sehr groß, die im Rahmen der Vorbereitungen zur Zertifizierung beauftragt waren, ein QM-Handbuch „zu schreiben", wie dies formal die ISO 9001 schon immer forderte.

Diese Unsicherheit, vom Markt schnell erkannt, löste eine Flut von Musterhandbüchern und Leitfäden zur Erstellung von QM-Handbüchern aus.

Abgesehen von ihren teilweise horrenden Preisen bieten diese Leitfäden bis heute meist unzweckmäßige Hinweise und irreführende Ratschläge, denn die meisten Autoren dieser Leitfäden haben wahrscheinlich übersehen, daß schon die Aufgabenstellung irreführt:
Ziel der Vorbereitungen kann nicht das Anfertigen eines QM-Handbuchs sein.

Das erste Ziel muß vielmehr sein, die Prozesse, die das QM-System ausmachen, zu erfassen und zu durchdringen, um Zusammenhänge, Abhängigkeiten, Einflüsse und Wechselbeziehungen zu erkennen.
Danach kann das zweite Ziel angegangen werden: Die Verbesserung der Effizienz dieser Prozesse.
Erst wenn auch dieses Ziel erreicht ist, sollte man im Sinne der ISO 9001 das wirksame QM-System in einem Handbuch darlegen.

Um die genannten Ziele zu erreichen, ist einiges Grundwissen zu Führungstechniken vonnöten, das in den üblichen Leitfäden kaum zu finden ist.

Dieses Grundwissen bezieht sich hauptsächlich auf die Planung des unternehmensspezifischen QM-Systems.
Es ist hinsichtlich der einschlägigen Verfahren und Werkzeuge des Qualitätsmanagements in der Fachliteratur zu finden.

Was aber offenbar bis heute fehlt, sind Hilfen zur Planung der Planung des unternmensspezifischen Qualitätsmanagements und QM-Systems.

Wenn nun die Methoden für die Planung materieller und immaterieller Produkte universell geeignet sind, dann liegt es nahe, genau diese Methoden und Werkzeuge auch für die Planung des unternehmensspezifischen QM-Systems einzusetzen.

In den nachfolgenden Kapiteln sind daher vor allem Methoden und Werkzeuge beschrieben, wie sie in keinem QM-System zur Entwicklung von Angebotsprodukten fehlen sollten.

Doch sind diese Hilfen hier nicht als mitgeltende Dokumente für die Entwicklung von Angebotsprodukten vorgesehen, sondern bei der Planung des immateriellen Produkts „unternehmensspezifisches QM-System" zu berücksichtigen.

Deswegen müssen teilweise einige Begriffe ausgetauscht werden, wie anschließend erklärt wird.

Für die Planung des QM-Systems werden im Kapitel 9.1 Grundsätze, Zusammenhänge und Einflüsse der Unternehmensführung erklärt. Sie sollten bei der Auswahl und Formulierung der Unternehmenspolitik beachtet werden.

Im Kapitel 9.2 geht es um die Planung der Dokumentation. Die hier angegebenen Regeln zur Dokumentation sind seit vielen Jahren praxisbewährt und können häufig ohne umfangreiche Änderungen übernommen werden.

Analyse und Bewertung der Prozesse im Unternehmen werden im Kapitel 9.3 anhand der FMEA behandelt.

Allerdings sollten zur Planung des QM-Systems die in der FMEA gebrauchten Begriffe Kunde und Kundenzufriedenheit durch Unternehmensleitung und deren Zufriedenheit ersetzt werden, weil der eigentlich Kunde in diesem Fall die Unternehmensleitung ist.

Außerdem kann der Abschnitt 3 der MFEA übersprungen werden, da er sich auf Angebotsprodukte bezieht.

Das interne Audit spielt bei der Bewertung des unternehmensspezfischen QM-Systems eine wesentliche Rolle.

Bei der Planung interner Audits ergeben sich oft Schwierigkeiten, wenn versucht wird, die Auditfragen externer Audits der Einfachheit halber auf interne Audits zu übertragen. Das funktioniert leider nicht. Die Gründe werden im Kapitel 9.4 erläutert.

Die überaus meisten Probleme im Unternehmen entstehen durch ungeeignete Kommunikation. Diese Erkenntnis muß bei der Planung des unternehmensspezifischen QM-Systems unbedingt beachtet werden. Deswegen enthält Kapitel 9.5 Grundsätzliches zu diesem Thema.

Die Planung von Produkten sollte mit der Erstellung von Lasten- und Pflichtenheften begonnen werden. Das gilt auch für das immaterielle Produkt QM-System, bei dem die Forderungen und Ziele bis zur letzten Funktion im System „heruntergebrochen" werden sollten.
Deswegen wird im Kapitel 9.6 der Umgang mit Lasten- und Pflichtenheften erklärt.

Außerdem sind zur Qualitätsplanung beim QM-System einige Begriffe auszutauschen:

* an die Stelle des Kunden tritt die Unternehmensleitung,
* aus Kundengesprächen sollten Gespräche mit der Unternehmensleitung werden,
* statt Entwicklung und Entwickler muß es Unternehmensplanung und Unternehmensplaner heißen.

9.1 Unternehmensführung zur Zukunftssicherung

Seit etwa Anfang der 90er Jahre war es aus Gründen des Zeitgeistes opportun, im Zulieferunternehmen ein „umfassendes Qualitätsmanagement-System nach ISO 9001 einzuführen".

Opportun ist es bis heute, weil es die Großkunden und viele kleine Gernegroße so fordern und die Zulieferer sich auf diese Forderung eingestellt haben, um zu überleben.

Das ISO-Getöse ist weitgehend verstummt, weil offensichtlich den ISO-Gurus die Loblieder zum „QM-System nach ISO 9001" ausgegangen sind und in vielen Unternehmen erkannt wurde, daß sie mit einer sinnvollen

Idee, wie z.B. die der Qualitätsmanagement-Darlegung nach ISO 9001, in der Fachpresse, auf Tagungen und in Lehrgängen irregeführt wurden, denn das so gepriesene QM-System nach ISO 9001 hat nie existiert!

Offiziell ist nun die Zeit der Preisverteilungen angebrochen. Oder Neu-deutsch: Awards sind angesagt! Wobei oft nach merkwürdigen Maßstä-ben beurteilt und Preise vergeben werden.

Mit dem Erscheinen der QS 9000 wurde kaum bemerkt,

* daß sich die Unternehmensziele wandeln und neu gesteckt werden müssen, denn Qualität und TQM (Total Quality Management) können nicht mehr allein Priorität haben,

* daß auch der Weg zu diesen Zielen neu zu bestimmen ist, denn die Konkurse der vergangenen Jahre haben gezeigt, daß Geschäftslei-tungen und Führungskräfte in der Mehrzahl der Fälle zur qualifi-zierten Unternehmensführung nicht fähig waren.

Unternehmenspolitik und Grundsätze zur Unternehmensführung

Das oberste Ziel jeder Unternehmensleitung muß heute in der Zukunftssi-cherung gesehen werden. Wobei dieses Ziel nur von qualitätsfähigen Un-ternehmen zu erreichen ist, was wiederum das Erreichen dreier unter-nehmenspolitischer Ziele zweiten Ranges bedingt:

* Unternehmenssicherung

* Kundenzufriedenheit

* Erfüllung gesellschaftlicher Forderungen.

Diese drei Ziele und ihre wesentlichen Einfluß-Parameter oder Bestim-mungsgrößen, die untereinander in engen Wechselbeziehungen stehen, entsprechen von den Zielsetzungen her dem Umfassenden Qualitätsma-nagement (Total Quality Management, TQM).

Von diesen Zielen ausgehend sind von der Unternehmensleitung allge-meine, aber auch spezielle Grundsätze zur Unternehmensführung zu entwickeln.

1. Unternehmenssicherung

Unternehmensleitung und Führungskräfte müssen die Zukunft des Unter-nehmens sichern. Als Führungs-Aufgabe ergibt sich „Unternehmenssicherung" aus den marktwirtschaftlichen und den unternehmensinternen Einfluß-Parametern oder Bestimmungsgrößen. Auch sie stehen so in Wechselbeziehungen, daß es müßig ist, sie mit Prioritäten zu versehen oder in eine Hierarchie einordnen zu wollen.

1.1 Marktwirtschaftliche Einfluß-Parameter oder Bestimmungsgrößen

Zu den Bestimmungsgrößen, die die Unternehmenssicherung beeinflussen oder mitbestimmen zählen:

* Rendite (R)
* Qualität der Angebotsprodukte (Q)
* Umsatz (U)
* Wirtschaftlichkeit (W oder P)

Hierbei kann der Parameter „Wirtschaftlichkeit" durch „Produktivität" ersetzt werden.

Ihre Wechselbeziehungen sind:

Die Konsequenzen aus diesen Zusammenhängen und Beziehungen sind auf Dauer gesehen:

* Ohne Qualität ist kein Umsatz zu erzielen. Fehlerhafte oder untaugliche Unternehmensleistungen sind nicht verkaufbar.
* Ohne Qualität ist Wirtschaftlichkeit nicht zu erzielen. Fehlleistungen sind Vergeudung.
* Ohne Umsatz ist weder Wirtschaftlichkeit noch Rendite möglich.
* Fehlende Wirtschaftlichkeit bringt die Rendite in Gefahr.
* Ohne Rendite kann nicht investiert werden, um Wirtschaftlichkeit und Qualitätsfähigkeit zu erreichen.

Um Eindeutigkeit zu erzielen, sind die vier Parameter oder Bestimmungsgrößen zu erläutern:

1.1.1 Rendite

* Eine angemessene Rendite ist zur Substanzerhaltung und Unternehmenssicherung erforderlich, um Wirtschaftlichkeit und Qualitätsfähigkeit zu erreichen.

* Unter Rendite verstehen wir das Verhältnis von Gewinn in einer Rechnungsperiode zum eingesetzten Kapital.

Die Kennzahlen für die Rentabilität dienen als Steuerungsinstrumentarium der Geschäftsleitung.

* Umsatzrendite: Die Wirksamkeit der gewöhnlichen Geschäftstätigkeit wird mit Hilfe der Kennzahl für die Umsatzrentabilität gemessen. Sie wird berechnet aus dem Verhältnis von Unternehmensergebnis zum Jahresumsatz.

* Cash-flow: Dieser Indikator dient der Beurteilung der Ertrags- und Finanzkraft des Unternehmens und wird als Kennzahl berechnet:

* <u>Jahresüberschuß (Gewinn vor Steuern) und Abschreibungen</u>
  (kalkulatorischer Aufwand)

* Kapitalrendite: Für die Kapitalrentabilität wird aus dem Verhältnis Unternehmensergebnis bezogen auf das Eigenkapital eine Kennzahl gebildet.

1.1.2 Qualität

* Beschaffenheit einer Einheit, bezüglich ihrer Eignung, die Qualitätsforderung zu erfüllen. Wobei unter Einheit Anlagen genauso zu verstehen sind wie Tätigkeiten.

* Beschaffenheit: Gesamtheit der Merkmale und Merkmalswerte einer Einheit.

* Qualitätsforderung: Gesamtheit der Einzelforderungen an die Beschaffenheit einer Einheit.

* Anspruchsklasse: Rang unterschiedlicher Qualitätsforderungen an Einheiten für den gleichen funktionellen Gebrauch.

1.1.3 Umsatz

Als Umsatz verstehen wir die verkaufte materielle und immaterielle Leistung, die im Unternehmen entstanden ist.

Ein ausgewogener Umsatz ist notwendig, um die Ziele Rendite, Gewinn und Wirtschaftlichkeit zu erreichen.

Eine Umsatzsteigerung bei konstantem Marktvolumen kann nur durch Innovation erreicht werden.

1.1.4 Wirtschaftlichkeit

Wirtschaftlichkeit ist für uns das Verhältnis von bewertetem Aufwand zum bewerteten Ergebnis der Prozesse.

Von Wirtschaftlichkeit kann nur gesprochen werden, wenn die Erträge höher sind als die bewerteten Aufwendungen in allen Prozessen:
* in Geschäftsprozessen
* in Produktionsprozessen
* in Dienstleistungsprozessen.

1.2 Unternehmensinterne Einfluß-Parameter oder Bestimmungsgrößen

Zu diesen Parametern oder Bestimmungsgrößen, die die Unternehmenssicherung beeinflussen oder mitbestimmen, zählen:
* Innovation (I)
* Unternehmenskultur (U)
* Mitarbeiter-Engagement (M)
* Kontinuierlicher Verbesserungsprozeß (K)
* Prävention (P)

Ihre Wechselbeziehungen sind:

Die Konsequenzen aus diesen Zusammenhängen sind auf Dauer gesehen:
* Ohne engagierte, d.h. leistungsbereite Mitarbeiter sind Innovationen kaum möglich.
* Ohne eine vorteilhafte Unternehmenskultur werden sich Mitarbeiter nicht engagieren.

* Auch kontinuierliche Verbesserungsprozesse setzen leistungsbereite, d.h. zur Leistung motivierte Mitarbeiter voraus, die möglichen Fehlern vorausschauend vorbeugen.
* Prävention ist nur durch ständige Verbesserung der Prozesse möglich und bedarf der Innovation engagierter Mitarbeiter.

1.2.1 Innovation

* Als Innovation verstehen wir das

   Ergebnis von Ideenfindung (Kreativität) und Ideenrealisierung
* Die Ideenfindung erstreckt sich insbesondere auf:
   - Unternehmensplanung
   - Entwicklungs- und Qualitätsplanung
   - Marketing
   - Beschaffung
   - Produktionsplanung
* Für Ideenfindung und Ideenrealisierung stützen wir uns auf Methoden und Regeln des Projektmanagements.
* Für die Ideenfindung setzen wir die Werkzeuge der Kreativitätstechnik ein.
* Für Innovationen sind engagierte Mitarbeiter unabdingbare Voraussetzung.
* Innovationen können nur von leistungsfähigen und vor allem von leistungsbereiten Mitarbeitern erbracht werden.
* Als eine Voraussetzung der Leistungsbereitschaft muß das traditionelle Denken in Abteilungen und Hierarchien dem Denken in Funktionen als Beitrag zum Projektmanagement weichen. Die Träger der Einzelfunktionen müssen sich als Speziallieferanten im Projekt-Team betrachten.
* Zur Leistungsfähigkeit der Mitarbeiter gehört die Kenntnis von Managementtechniken. Wobei unter Management „Handhabung" zu verstehen ist, und nicht Führung.
* Aufgaben sollen nicht mehr in Hierarchien gelöst werden sondern in Projekt-Teams. Dazu sind die Bedingungen und Grundsätze des Projektmanagements zu beachten.

166

1.2.2 Unternehmenskultur

* Gravierende Veränderungen im Umfeld unseres Unternehmens verlangen nach grundlegendem Wandel der Denk- und Verhaltensweisen der Unternehmensleitung, der Führungskräfte und aller Mitarbeiter.

* Ziel muß sein:
  - Schaffung eines Betriebsklimas, das auf partnerschaftlicher Zusammenarbeit basiert
  - Steigerung der Leistungsbereitschaft der Mitarbeiter
  - Verbesserung der Leistungsfähigkeit der Mitarbeiter

* Unternehmensleitung und Führungskräfte sind gefordert, durch ihr Verhalten die Unternehmenskultur vorzuleben.
  Deswegen gelten als Grundsätze für das Führungsverhalten:

  überzeugen statt **überreden**

  erklären statt **rechtfertigen**

  informieren statt **belehren**

  beraten statt **befehlen**

  zuhören statt **verhören**

  korrigieren statt **kritisieren**

  bewerten statt **bestrafen**

* Kommunikation, d.h. Verständigung wirkt in zwei Richtungen:
  - Nach innen
    unter Mitarbeitern zur gegenseitigen Akzeptanz, Motivation und Zusammengehörigkeit
  - Nach außen
    in die Öffentlichkeit durch Ansehen in der Öffentlichkeit, Auftreten am Markt und Verhalten gegenüber Kunden

* Zur Entwicklung einer vorteilhaften Unternehmenskultur sind die Führungskräfte zu schulen und hinsichtlich ihres Verhaltens zu bewerten.

* Alle Mitarbeiter und Führungskräfte sind gefordert, ein partnerschaftliches internes Lieferanten-Kunden-Verhältnis aufzubauen und zu pflegen. Dies bedeutet:
  - Partnerschaftliche Zusammenarbeit, bei der zufriedenstellende Qualität termingerecht zu liefern ist.
* Für jedes interne Lieferanten-Kunden-Verhältnis sind die Kundenforderungen zu bestimmen.
* Auf der Basis einer eindeutig festgelegten Aufbau- und Ablauforganisation sind Aufgaben und Zuständigkeiten nach Fähigkeiten zu verteilen.
* Zu den Aufgaben sind angemessene Kompetenzen und erweiterbare Freiräume zu verteilen.
* Schwierig zu lösende Aufgaben dürfen nicht einfach von „oben" nach „unten" delegiert werden. Das käme einem „Zumüllen" der Mitarbeiter gleich. Diese Aufgaben sind in Gruppenarbeit (Projektmanagement) unter Leitung von Führungskräften zu lösen.
* Qualität ist das Ergebnis qualitätsfähiger Mitarbeiter.
* Qualitätsfähige Mitarbeiter haben drei Grundvoraussetzungen:
  Wollen - Wissen – Können
  - Wollen bedingt
    ° konkrete und erreichbare Ziele
    ° eigenen Antrieb, die Ziele zu erreichen
    ° Freude, Freiräume zu nutzen
  - Wissen bedingt
    ° zielgerechte Informationen
    ° Verständnis der Informationen
    ° Kenntnis geeigneter Management-Werkzeuge und -Methoden zur Konkretisierung und Verwirklichung der Informationen
  - Können bedingt
    ° Fähigkeit, in Prozessen, mit geeigneten Werkzeugen und Methoden Werkstoffe, Energien oder Informationen zu transportieren oder umzuformen, um dadurch Qualität zu erzielen.
    ° Fähigkeit, Ziele mit Ausdauer zu erreichen.

* Mitarbeiter sind zunehmend leistungsbereit, wenn das von ihnen erreichte Ziel im Unternehmen anerkannt wird. Deswegen ist es erforderlich, die Anerkennung zu organisieren, z.B.
  - durch ein geldwertes Belohnungssystem, das allerdings bisher weniger wirksam war,
  - durch Strukturen oder Rangfolgen - keinesfalls als hierarchische Stellen - in Funktionen zusammenwirkend mit
    ° Berechtigungen, Pflichten und Verantwortungen
    ° Kompetenzen und Befugnissen,
    ° durch offizielles persönliches Lob.

1.2.3 Mitarbeiter-Engagement

* Qualitätsbewußtsein
  - Alle Mitarbeiter sind untereinander Kunde und Lieferant zugleich. Jeder muß so arbeiten, daß er zufriedene Kunden hat.
  - Jedem im Unternehmen - die Unternehmensleitung eingeschlossen - ist die Pflicht bewußt, die Qualität seiner Tätigkeiten selbst zu managen durch
    ° Planen im Sinne von Vorausdenken,
    ° Prüfen im Sinne von Beurteilen,
      um zu informieren,
      um zu helfen,
      um sich zu vergewissern,
    ° Lenken im Sinne von veranlassen.
* Gegenseitige Akzeptanz
  Gegenseitige Akzeptanz in allen Bereichen fördert die Durchsetzung der Unternehmensziele.
  Gegenseitige Akzeptanz läßt sich nicht verordnen, nicht herbeireden. Sie ist nur dann verwirklicht, wenn sich alle als Mit-Arbeiter, also als Partner gegenseitig achten.
* Motivation
  Nur motivierte Mitarbeiter sind zur Leistung aus eigenem Antrieb fähig. Das sind Mitarbeiter, die mit Lust Anstrengungen auf sich nehmen, um ein anerkanntes Ziel zu erreichen.

* Zusammengehörigkeit

Das Gefühl „Wir gehören zusammen, unser Unternehmen ist durch uns eine erfolgreiche Leistungsgemeinschaft" kann nur von leistungsbereiten Mitarbeitern erlebt werden.

Es setzt voraus, daß die Führungskräfte fähig sind,

- Gruppenarbeit erfolgreich zu organisieren und zu führen
- Mitarbeiter zur Identifikation mit dem erfolgreichen Unternehmen zu bringen, weil diese spüren, zum Erfolg beigetragen zu haben.

Es setzt außerdem die Zuverlässigkeit jedes Einzelnen voraus, so daß man sich aufeinander verlassen kann.

* Verhalten gegenüber Kunden und Lieferanten

Der gegenseitige Respekt der Partner schafft Vertrauen.

Nur wer seine Kunden und Lieferanten als gleichwertige Partner erkennt und seine Kommunikation darauf ausrichtet, gewinnt Vertrauen.

Das Verhalten gegenüber Kunden bestimmt den Erfolg weit in die Zukunft.

1.2.4 Kontinuierlicher Verbesserungsprozeß

* Immer wieder werden Qualitätsverbesserungen gefordert, obwohl Qualität direkt nicht verbessert werden kann. Qualitätsverbesserungen sind nur durch Qualitätsförderung und durch Qualitätssteigerung indirekt möglich.

Alle Führungskräfte und ihre Mitarbeiter sind gefordert, die Arbeitsbedingungen hinsichtlich störender Einflüsse zu analysieren, für Abhilfe so zu sorgen, daß die störenden Einflüsse eliminiert werden.

* Bei der Analyse der Störungen darf keinesfalls nach Schuldigen, sondern nur nach den Ursachen gesucht werden.

* Die Qualitätsfähigkeit des Unternehmens ist kontinuierlich und umfassend zu verbessern.

* Die Eignung des Unternehmens, die Qualitätsforderung zu erfüllen und so Qualität zu erzielen, bezieht sich auf

- Mitarbeiter
- Prozesse

- technische Ausrüstung

1.2.5 Prävention

* Das Grundprinzip des Qualitätsmanagements von heute ist:
  - Überall im Unternehmen Fehlern vorzubeugen,
  - Fehler zu verhüten oder zu vermeiden, statt sie nur zu erkennen,
  - mögliche Fehler und Fehlleistungen durch spezielle Methoden zu erkennen und eingehend zu analysieren.
* Möglichen Fehlern und Fehlleistungen begegnen wir schon im Vorfeld ihrer Entstehung.
* Bei schon entstandenen Fehlern treffen wir Vorsorge, um Wiederholungen zu vermeiden.

2. Kundenzufriedenheit

Unsere Definition von Kundenzufriedenheit ist:

Bewußtsein des Kunden. daß sein Zustand unmittelbar verbessert wurde und er unmittelbar vor Nachteilen bewahrt wird.

Wer seine Kunden zufriedenstellen will, muß deren Wünsche, Vorstellungen, Ängste, Probleme, Grundsätze, Vorlieben und Abneigungen erkennen, verstehen und angemessen bewerten.

Die Zufriedenheit externer Kunden kann man unter folgenden Aspekten betrachten:
1. Qualität der Angebotsprodukte
2. Termintreue
3. Angemessene Preise
4. Flexibilität
5. Kundenberatung/Kundenbetreuung
6. Darlegung des QM-Systems
7. Einsatz von Werkzeugen und Methoden der Qualitäts-Technik

2.1 Qualität der Angebotsprodukte

Um Zufriedenheit externer Kunden durch zufriedenstellende Qualität der Angebotsprodukte zu erreichen, muß die Qualitätsforderung (Kundenforderungen) mit allen Einzelforderungen sorgfältig erfaßt und fachmännisch geplant werden. Zur Qualitätsplanung bedienen wir uns der Kreativitätstechniken.

2.1 Termintreue

Bei der Frage nach der Kundenzufriedenheit spielt Termin- und Liefertreue für den Kunden oft eine ebenso gewichtige Rolle wie Qualität. Daher beziehen viele Kunden die Termintreue in ihre Lieferantenbeurteilung ein.

Unsere Termin- und Liefertreue überwachen wir deswegen durch Vergleich der Plan- und Ist-Termine.

2.3 Angemessene Preise

Gewiß hängen Preise, abgesehen von Gewinnvorstellungen der Unternehmensleitung, von Kosten-Elementen ab, die noch dazu von Wirtschaftlichkeit, Produktivität und anderen Bedingungen beeinflußt werden.

* Die Kosten hängen ganz wesentlich von den konstruktiven Lösungen und ihrer Realisierung in der Produktion ab.
* Wir wollen durch Benchmarking ständig Verbesserungen vom Wettbewerb lernen, um bei konstruktiven Lösungen technisch besser und kostengünstiger zu werden.

2.4 Flexibilität

Um Zufriedenheit unserer Kunden zu erreichen, müssen wir uns ihre Probleme zu eigen machen. Durch unsere Flexibilität können wir dem Kunden oft helfen, seine Probleme zu lösen. Außerdem müssen wir auf zusätzliche oder geänderte Forderungen angemessen eingehen können.

2.5 Kundenberatung/Kundenbetreuung

Einerseits ist die fachliche Beratung des Kunden eine Pflicht, die jedem Vertragsverhältnis innewohnt, ohne daß sie besonders vereinbart werden muß.

Anderseits können beim Kunden Probleme entstehen, für die wir schon Erkenntnisse und Erfahrungen besitzen.

Auch wenn keine Kundenforderungen bestehen, sollten wir unaufgefordert vorsorgliche Hinweise geben.

2.6 Darlegung des QM-Systems

Um beim Kunden Vertrauen in unser QM-System zu schaffen, haben wir es nach DIN EN ISO 9001 dargelegt und durch eine akkreditierte Institution zertifizieren lassen.

Zusätzliche Forderungen, wie sie beispielsweise in anderen Verordnungen und Dokumenten der Branche festgelegt sind, werden wir in unserem QM-System berücksichtigen.

2.7 Einsatz von Werkzeugen und Methoden der Qualitätstechnik

Um beim Kunden Vertrauen in unser QM-System zu schaffen, setzen wir Werkzeuge und Methoden zur Qualitätsplanung (Kreativitätstechniken), zur Konkretisierung und Realisierung als Management-Techniken der Betriebsführung und der Qualitätstechnik ein.

3. Erfüllung gesellschaftlicher Forderungen

Das Unternehmen hat als Teil der Gesellschaft soziale Aufgaben, Verantwortung und Pflichten. Wir betrachten sie als Gesamtheit gesellschaftlicher Forderungen, wie sie in Gesetzen, Verordnungen, Vorschriften, Statuten und Kodizes vorgegeben sind. Sie beziehen sich auf die Bereiche:

* interner Personen- und Objektschutz, insbesondere Arbeitssicherheit
* externer Personen- und Objektschutz, insbesondere Produktsicherheit
* Umweltschutz
* Datenschutz

Die gesellschaftlichen Forderungen sind inhaltlich grundsätzlich Forderungen der Schadensverhütung durch Minimierung des Schadensrisikos für alle Mitglieder der Gesellschaft.

Diese Forderungen bemühen wir uns durch Maßnahmen und Methoden der Minimierung des Schadensrisikos (SR) zu erfüllen.

Das Schadensrisiko ist das Produkt von Eintrittswahrscheinlichkeit (EW) und Schadensereignis (SE), also

$$SR = EW \times SE$$

Die Minimierung zielt auf die zwei Faktoren Eintrittswahrscheinlichkeit und Schadensereignis und setzt grundsätzlich eine Gefahrenanalyse voraus, bei der die Eintrittswahrscheinlichkeit geschätzt und die Schadensereignisse erfaßt werden.

Auf dem Ergebnis der Gefahrenanalyse basierend sind dann in den einzelnen Schutzbereichen Maßnahmen und Methoden

* zur Gefahrenabwehr oder Gefahrenminderung und
* zum „vorgreifenden Gefahrenschutz"

zu entwickeln und zu realisieren.

9.2 Regeln zur Dokumentation

9.2.1 Struktur und Regeln zur Handhabung systembezogener Dokumente

1. Zweck und Geltungsbereich

In dieser Organisationsrichtlinie sind Struktur und Regeln zur Handhabung systembezogener Dokumente für das Qualitätsmanagement festgeschrieben.

Ihre Beachtung ist eine Voraussetzung für ein einheitliches und umfassendes Qualitätsmanagement. Sie ist für alle Mitarbeiter verbindlich.

2. Arten systembezogener Dokumente

Die systembezogenen QM-Dokumente werden in drei Arten, die drei Anwendungsebenen zugeordnet sind, unterschieden:

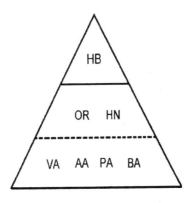

Die Abkürzungen werden im folgenden Text erklärt.

2.1 Dokument der ersten Ebene

Das QM-Handbuch (QM-HB) ist das Dokument der ersten Ebene. Es dient der Beschreibung des Qualitätsmanagementsystems, entsprechend den Forderungen zur Darlegung gemäß DIN EN ISO 9001:2000. Der Umfang der Darlegung ergibt sich aus der Leistungsart, der Inhalt aus dem Qualitätsmanagement-System des Unternehmens.

2.2 Dokumente der zweiten Ebene

Die Dokumente der zweiten Ebene umfassen Organisationsrichtlinien (OR) und Haus-Normen (HN). In ihnen sind Grundlagen und Prinzipien, die für Abläufe und Verfahren im Unternehmen gelten, festzuschreiben:

* **Organisationsrichtlinien (OR)**
  Sie enthalten unternehmensweit geltende Regelungen vorwiegend organisatorischer Belange, insbesondere der Information und Zusammenarbeit der Tochterfirmen.

* **Haus-Normen (HN)**
  Sie enthalten unternehmensweit vorwiegend besondere Regeln der Technik und ergänzen oft z.B. DIN-Normen, durch z.B. unternehmensspezifische Grenzwerte.

2.3 Dokumente der dritten Ebene

Diese Dokumente umfassen Anweisungen mit verbindlichen Vorgaben von Einzelheiten für Arbeitsabläufe und Tätigkeiten am Arbeitsplatz:

* **Verfahrensanweisungen (VA)**

  Sie enthalten bereichsübergreifende Regelungen von Verfahren und Abläufen im Betrieb.

* **Betriebsanweisungen (BA)**

  Sie enthalten Regelungen betriebsinterner Belange, die sich auf die Arbeitssicherheit beziehen,

* **Arbeitsanweisungen (AA)**

  beziehen sich auf einzelne Tätigkeiten im Betrieb oder auf die Handhabung von Produkten, Anlagen und Geräten.

* **Prüfanweisungen (PA)**

  Sie enthalten Prüfanweisungen, die für die Durchführung einzelner Qualitätsprüfungen bei Tätigkeiten oder ihren Ergebnissen gelten.

3. Regeln zur Handhabung der Dokumente der zweiten und dritten Ebene

3.1 Erstellen

Mit der Erstellung der Dokumente, Betriebsanweisungen (BA) ausgenommen, ist der QM-Beauftragte vom Vorstand betraut.

Die Dokumente werden vom QM-Beautragten entworfen und in Absprache mit der Betriebsleitung, der Technischen Leitung und den anderen beteiligten Funktionen von ihm erarbeitet.

Betriebsanweisungen werden von einer Sicherheitsfachkraft in Absprache mit der Betriebsleitung und dem QM-Beauftragten erstellt.

3.2 Prüfen und Genehmigen

Der Entwurf eines Dokuments ist von allen Beteiligten zu prüfen hinsichtlich

* Eindeutigkeit und Verständlichkeit
* Vollständigkeit
* Durchführbarkeit oder Machbarkeit
* Verteiler

Jeder Beteiligte bringt seine Änderungswünsche spätestens zehn Arbeitstage nach Erhalt des Entwurfs bei dem QM-Beauftragten an und gibt sein letztes Entwurfsexemplar abgezeichnet zurück.

Mit dem Vorliegen aller Einverständniserklärungen durch Abzeichnen erfolgt die Genehmigung und Freigabe eines Dokuments der zweiten Ebene durch Unterschrift der Betriebsleitung oder der Technischen Leitung zur Prüfung und durch Unterschrift eines Vorstandmitglieds als Freigabe. Dokumente der dritten Ebene werden mit Ausnahme der Betriebsanweisungen wechselnd von der Betriebsleitung geprüft und von der Technischen Leitung freigegeben.

Betriebsanweisungen werden vom QM-Beauftragten geprüft und durch die Betriebsleitung freigegeben. Die Freigabe bedingt eine Schulung der Eingewiesenen.

3.3 Herausgeben, Verteilen und Verwalten

Das genehmigte Dokument wird vom QM-Beauftragten herausgegeben und verteilt. Er versieht das Dokument mit einer Ordnungs-Nummer, Ausgabedatum und Revisionsnummer. Das Dokument wird dann ausgedruckt und verteilt. Mit der Verteilung ist es gültig.

Der QM-Beauftragte vergibt die Ordnungs-Nummern und führt Verzeichnisse, die den aktuellen Stand der Dokumente und den Verteiler erkennen lassen, mit folgenden Angaben:

1. Ordnungs-Nummer
2. Kurztitel
3. Ausgabe-Datum/Revisionsnummer oder Stand
4. Verteiler

Im Verteiler sind alle Funktionen vom QM-Beauftragten aufzulisten, die das Dokument erhalten haben.

Zusätzliche Exemplare eines Dokuments dürfen nur vom QM-Beauftragten ausgegeben werden.

Um die Dokumentation lückenlos aktualisieren zu können, muß das Kopieren von Dokumenten unterbleiben.

3.4 Ändern

Bei Änderungen ist grundsätzlich ein neues Dokument zu erstellen. Daher ist wie bei der ersten Erstellung des Dokuments nach den Punkten 3.1 bis 3.4 zu verfahren.

Änderungen sind in der aktualisierten Ausgabe mit einem senkrechten Balken am rechten Blattrand zu kennzeichnen.

3.5 Anwendungsprüfung (Audit)

Die Funktionsleiter prüfen in ihrem Bereich, ob die Mitarbeiter den Inhalt des Dokuments verstanden haben und nach diesem handeln.

Der Prüfung geht eine Mitarbeiter-Schulung voraus.

3.6 Einziehen

Nicht mehr aktuelle Dokumente sind vom QM-Beauftragten gegen die neuen auszutauschen und zu vernichten.

3.7 Aufbewahren und Archivieren

Das Original veralteter Dokumente wird vom QM-Beauftragten nach dem Austausch im Ordner „nicht mehr aktuelle Dokumente" mit Datum der Ausmusterung drei Jahre lang archiviert.

4. Regeln zur Vergabe von Ordnungsnummern

4.1 Für Organisationsrichtlinien, Verfahrensanweisungen und Arbeitsanweisungen

werden mit dem Kürzel OR, VA und AA vom QM-Beauftragten Nummern vergeben, deren erste zwei Ziffern sich auf das QM-Element beziehen. Danach werden zweistellige Zählnummern angehängt, also z.B. VA 7.5-03.

4.2 Für Betriebsanweisungen und Haus-Normen

werden mit dem Kürzel BA oder HN vom QM-Beauftragten und vom Beauftragten für Arbeitssicherheit zweistellige fortlaufende Zählnummern vergeben, also z.B. BA 10 oder HN 10.

4.3 Handhabung von Formblättern

Formblätter (FB) zur Dokumentation von Daten, die meist von Prüfungen stammen, werden wie systembezogene Dokumente gehandhabt.

Außerdem erhält jedes Formblatt seine Nummer, die wie in Punkt 4.1 beschrieben, vergeben wird, hinter einem Schrägstrich die Revisions-Nummer, also z.B. FB 8.2-01/3. Das ist das erste Formblatt für die Aufnahme von Meßwerten (8.2) mit der dritten Revision des Formblattes.

Für Formblätter wird vom QM-Beauftragten ein aktuelles Verzeichnis geführt.

9.2.2 Regeln zur Erstellung systembezogener Dokumente

1.   Zweck und Geltungsbereich

1.1   Allgemeines

Diese Organisationsrichtlinie ist für alle Funktionsleiter Vorgabe und Anleitung zugleich. Sie soll vor allem jenen Hilfe sein, die vor der oftmals schwierigen Aufgabe stehen, richtungsweisende oder anweisende Dokumente gemeinsam mit QM-Beauftragten zu erstellen.

Darüber hinaus soll durch diese Organisationsrichtlinie ein einheitlicher Aufbau systembezogener Dokumente erzielt werden.

1.2   Bedarfsermittlung

Um den Umfang systembezogener Dokumente auf das Notwendige zu begrenzen, muß zunächst von den Funktionsleitern und dem QM-Beauftragten im Einzelfall geprüft und entschieden werden, ob ein Dokument erforderlich oder zweckmäßig ist. Entscheidungskriterium sollte hierbei das unternehmensspezifische Wissen sein, das ein neuer fachkundiger Mitarbeiter braucht, um seine Aufgaben zur Zufriedenheit aller zu lösen.

Das bedeutet, daß für alle unternehmensspezifischen Regelungen
  * vorwiegend organisatorischer Belange, insbesondere der Information und Zusammenarbeit,
  * für Verfahren und Abläufe,
  * für besondere Regeln der Technik und Arbeitssicherheit

Dokumente zu erstellen sind, wenn ihr Fehlen Fehler verursachen könnte.

2. Regeln zur Erstellung von Dokumenten der zweiten Ebene

Bei der Erstellung dieser Dokumente sind die folgenden Elemente zu berücksichtigen:

2.1 Kurztitel

Dieser sollte klar und kennzeichnend sein, aber nicht Erklärungen oder Erläuterungen enthalten.

2.2 Zweck und Geltungsbereich

Dem Leser eines Dokuments muß Sinn und Zweck erläutert werden, um die Vorgaben verstehen und akzeptieren zu können. Darüber hinaus ist der Geltungsbereich eindeutig festzuschreiben: Mitarbeiter müssen auf ihre Aufgaben, Verantwortung und Befugnis eindeutig und klar abgegrenzt hingewiesen werden. Sie müssen aber auch die unabdingbaren Beziehungen zu anderen Funktionen und Mitarbeitern kennen, um Schnittstellenproblemen vorzubeugen.

Falls Begriffe nicht geläufig sind oder mißverstanden werden könnten, sollten sie an dieser Stelle in einem Absatz mit dem Hinweis „Zum Verständnis sind folgende Begriffe definiert: ..." erklärt werden oder - wegen der besseren Lesbarkeit - im Text der nachfolgenden Kapitel.

2.3 Vorgang oder Ablauf mit Verantwortung und Befugnissen

Hier ist die Überschrift oder das Thema zu benennen, das im Dokument behandelt wird, also z.B.: „Prüfung der Kundenforderungen". Dann ist der Vorgang oder Ablauf zu beschreiben. Vorgänge oder Abläufe können zweckmäßigerweise auch als Flußdiagramme mit erläuterndem Text oder in Matrixform beschrieben werden.

Beim Entwurf sollte man immer wieder die Fragen stellen:
* Was muß ein neuer fachkundiger Mitarbeiter wissen, um seine Aufgabe zielgerecht zu lösen?
* Welche Bedingungen sind zu beachten?
* Welche Folgen oder Ereignisse müssen verhindert werden?

2.4 Mitgeltende Unterlagen

Sind übergeordnete Dokumente, z.B. Normen oder Verordnungen zum Vorgang oder Ablauf bekannt, sind diese als Textausschnitte in die Anweisung einzuarbeiten.

2.5 Gestaltung der Dokumente

Alle Dokumente sind mit einer Kopfleiste versehen. In ihr steht
* links oben das Firmenlogo, wenn möglich farbig, um Kopien erkennen zu können.
* in der Mitte oben die Benennung, also z.B. „Regeln zur Erstellung systembezogener Dokumente"
* rechts oben
  - Kürzel der Dokumentart mit Ordnungsnummer, also z.B. OR 4.2-02,
  - Ausgabe mit Datum, also z.B. Ausgabe 0205 für Februar 2005,
  - die Revisionsnummer wird dem Ausgabedatum mit Schrägstrich, z.B. 0204/1 für die erste Revision angefügt,
  - Seite x/y

Auf jedem ersten Blatt eines QM-Dokuments ist eine Fußleiste mit zwei Feldern vorgesehen, wie dies hier zu sehen ist.

Erstellt von	geprüft und freigegeben von
am:	am:

Den Folgeseiten fehlt die Fußleiste.

3. Regeln zur Erstellung von Dokumenten der dritten Ebene

Verfahrens- und Arbeitsanweisungen enthalten Vorgaben für die Handhabung z.B. von Rechnerprogrammen oder Anlagen und Geräten.

Um auch hier die Dokumentation auf das Notwendige zu begrenzen, ist einerseits die Fachausbildung der einzelnen Mitarbeiter und besonders ihrer Stellvertreter zu berücksichtigen, andererseits von den Möglichkeiten der Veranschaulichung, wie z.B. durch Muster oder Bilder Gebrauch zu machen.

Bei diesen Dokumenten sind einige Gesichtspunkte besonders zu beachten, um bei den Angewiesenen Akzeptanz zu erreichen:

3.1 Kurztitel

Im Kurztitel muß schon der Zweck und Geltungsbereich erkennbar sein, z.B. „Kennzeichnung der Anlieferungen im Wareneingang".

3.2 Vorgang, Ablauf, Durchführung

Falls Begriffe nicht geläufig sind oder mißverstanden werden könnten, sollten sie im Text einfach und kurz oder mit dem Hinweis „Zum Verständnis sind folgende Begriffe definiert: ..." erklärt werden.

Beim Entwurf einer Anweisung sollte man sich vorstellen, man müsse einen neuen fachkundigen Mitarbeiter in die betriebsspezifischen Abläufe einweisen. Man sollte daher immer wieder die Fragen stellen:

* Was muß ein neuer fachkundiger Mitarbeiter kennen, damit er nichts falsch macht?
* Was kann ein Neuling falsch machen?
* Welche typischen Abweichungen, Situationen oder Störungen können auftreten?

Bei Abweichungen von den Vorgaben oder bei Störungen im Betriebsablauf sollte ebenfalls vorgegeben werden, was zu tun ist. Gibt es eine eindeutige Lösung, dann sollte sie in der Anweisung beschrieben sein. Gibt es sie nicht, ist in der Anweisung darauf hinzuweisen, wie sich der Mitarbeiter dann zu verhalten hat, insbesondere wen er informieren muß.

3.3 Mitgeltende Dokumente

Textausschnitte mitgeltender Dokumente sind in die Anweisung einzuarbeiten.

3.4 Gestaltung der Dokumente

Hier gilt das unter Punkt 2.5 Gesagte, mit der Besonderheit, daß Formblätter keine Fußleiste haben, sondern nur denjenigen erkennen lassen muß, wer sie wann ausgefüllt hat.

9.2.3 Lenkung übergeordneter Dokumente

1. Zweck und Geltungsbereich

In Verbindung mit den unternehmerischen Sorgfaltspflichten wird immer wieder auf Standards hingewiesen, die unter anderem auch in der Rechtsprechung eine große Bedeutung haben, wie z.b. Normen, VDI-Richtlinien und VDE-Bestimmungen.

Zum einheitlichen Gebrauch der folgenden Rechtsbegriffe hat das Bundesverfassungsgericht eine Dreistufenthese entwickelt:

Stufe 1:   Allgemein anerkannte Regeln der Technik.

Hier handelt es sich um die herrschende Auffassung kompetenter technischer Praktiker.

Stufe 2:   Stand der Technik.

Damit wird der rechtliche Maßstab für das Erlaubte und Gebotene der technischen Entwicklung umschrieben.

Stufe 3:   Der Stand von Wissenschaft und Technik.

Dies ist die höchste Stufe des technischen Fortschritts und der Sicherheit.

Von einem Unternehmen, das sich als Spezialist bezeichnet, wird angemessene Beachtung des Standes der Technik erwartet.

Aus diesem Grund müssen den Mitarbeitern die übergeordneten Dokumente mit z.B. technischen Regeln, zur Verfügung stehen.

In dieser OR sind daher die Regeln für die Handhabung dieser übergeordneten Dokumente festgelegt.

2. Arten übergeordneter Dokumente

Zu diesen Dokumenten zählen z.B.:

* nationale und internationale Normen
* Gesetze und Verordnungen
* Europäische Richtlinien
* Bestimmungen (z.B. VDE)
* Umweltgesetze
* Arbeitsstättenrichtlinien
* Unfallverhütungsvorschriften

3. Handhabung übergeordneter Dokumente

3.1 Beschaffung, Verwahrung und Aktualisierung

Die Geschäftsleitung ist verpflichtet, ihre Mitarbeiter ständig auf dem aktuellen Kenntnisstand der Technik zu halten.

Wegen dieser Sorgfaltspflicht ist festgelegt:

* Die Betriebsleitung und die Technische Leitung beschaffen und verwalten die übergeordneten Dokumente für ihren Bereich.
* Die übergeordneten Dokumente für den Betriebsbereich werden im Betriebsbüro aufbewahrt.
* Die übergeordneten Dokumente für den Technikbereich werden in der Abteilung Konstruktion und Entwicklung aufbewahrt.
* Die für die Dokumentation Verantwortlichen informieren über die übergeordneten Dokumente die Führungskräfte und sorgen dafür, daß der Inhalt der Dokumente verstanden und befolgt wird.

3.2 Verzeichnis der übergeordneten Dokumente

* Die für die Dokumentation Verantwortlichen führen für ihren Bereich Verzeichnisse mit dem Ausgabedatum und Änderungsstand.
* Das jeweilige Verzeichnis ist beim für die Dokumentation Verantwortlichen einzusehen.

9.2.4 Lenkung von Aufzeichnungen

1. Zweck und Geltungsbereich

Qualitäts-Aufzeichnungen sind Dokumente, die erreichte Ergebnisse angeben oder Nachweise ausgeführter Tätigkeiten bereitstellen.

Das Verfahren zur Lenkung von Qualitäts-Aufzeichnungen ist in dieser Organisationsrichtlinie dokumentiert.

2. Lenkung

2.1 Kennzeichnung und Identifikation

Dokumente, die zu den Qualitäts-Aufzeichnungen zählen, haben als Dokument nur eine Bezeichnung, aber keine besondere Kennzeichnung als Qualitäts-Aufzeichnung.

Sie sind jedoch jederzeit über das Verzeichnis der Qualitäts-Aufzeichnungen identifizierbar.

2.2 Bestimmen und Dokumentieren

Aufzeichnungen entstehen über den ganzen Betrieb verteilt. Welche qualitätsbezogenen Dokumente zu diesen Aufzeichnungen zu zählen sind, wer sie erstellt, wo und wie lange sie aufbewahrt werden, legt der QM-Beauftragte (QMB) zusammen mit der Betriebsleitung und der Technischen Leitung unter Berücksichtigung der Angemessenheit, der Forderungen der Gesellschaft und der Forderungen der ISO 9001:2000 fest und registriert sie in einem Verzeichnis.

2.3 Verfügung über Aufzeichnungen

Aufzeichnungen von erreichten Ergebnissen und ausgeführten Tätigkeiten stehen allen Mitarbeitern zu Informationszwecken zur Verfügung.

9.3 FMEA, Fehler-Möglichkeits- und Einfluß-Analyse

1. Zur Einführung

1.1 Allgemeines

Die Failure Mode And Effect Analysis (FMEA), ins Deutsche übertragen als „Fehler-Möglichkeits- und -Einfluß-Analyse" oder auch „Analyse möglicher Fehler und Folgen" ist ein bedeutsames QM-Werkzeug für die Qualitätslenkung in Planungsphasen von Produkten und Prozessen.

Kurz gefaßt versteht man unter diesem Werkzeug der Planung:
- Systematisches Erfassen möglicher Fehler und Bewerten erwartbarer Fehlerfolgen als Schadensrisiko.

Mit Hilfe dieser Methode sollen Fehler in Planungsphasen erkannt, Fehlerursachen identifiziert und Fehlerfolgen bewertet werden, um schon in den Planungsphasen Gegenmaßnahmen zu entwickeln und umzusetzen.

1.2 Gründe für die Anwendung

Der Hauptgrund liegt in der Erkenntnis, daß etwa bis zu 80% der Fehler an einem Produkt oder in einem Prozess auf Schwachstellen in der Planung, Entwicklung Konstruktion zurückzuführen sind.

Diese Planungsfehler sind besonders schwerwiegend, weil sie konzeptioneller Art sind und ihre Ursachen sich nur mit hohen Kosten beseitigen lassen.

Außerdem sind es vielfach planungsbedingte Wiederholungsfehler.

Die Kosten dieser Fehler liegen in der Größenordnung des Gewinns vor Steuern oder bei bis zu 30% und mehr auf den Umsatz bezogen. In vielen Fällen waren sie für Unternehmen der Untergang.

1.2 Voraussetzungen

Die FMEA-Methode ist nur in Gruppenarbeit sinnvoll, und als Pflichtübung, „weil man das so macht" oder „weil die Kunden das so fordern" meist nutzlos. Es muß vielmehr die ehrliche Absicht schon von den Führungskräften her bis hin zum einzelnen Mitarbeiter in der Gruppe bestehen, Fehlern vorzubeugen, um Fehlerkosten zu vermeiden und um Kundenzufriedenheit zu erreichen.

Der Nutzen der Methode bedingt, daß die Geschäftsleitung entschieden hinter den FMEA-Aktivitäten steht, in dem sie den erforderlichen zeitlichen und organisatorischen Freiraum für die Mitarbeiter schafft.

Zur bereichsübergreifenden Zusammenarbeit ist für ein FMEA-Projekt ein Team von drei bis sechs engagierten und teamfähigen Teilnehmern zu bilden. Das Kernteam kann jederzeit um Experten erweitert werden.

Bei der Berufung in das Team ist ausschließlich die persönliche Qualifikation und nicht die hierarchische Einordnung in das Unternehmen ausschlaggebend.

Zu jedem FMEA-Vorhaben ist ein Teamleiter als Moderator entweder von der Geschäftsleitung unmittelbar zu bestimmen oder er wird z.B. in Meilensteinprogrammen als Funktionsinhaber automatisch benannt.

Moderatoren müssen im Namen und Auftrag der Geschäftsleitung die Kompetenz besitzen:

* Team-Mitglieder zu berufen und auch aus dem Team zu entlassen,
* Aufgaben und Funktionen außerhalb ihres eigentlichen Aufgaben-
  bereichs über die Hierarchien hinweg zu verteilen.

Im übrigen gelten die Regeln für das Projektmanagement, da es sich bei
FMEA-Vorhaben um die gleiche Problemstellung und Lösungstechnik
handelt.

1.4 Begriffe (In Übereinstimmung mit DIN und ISO)

Zu allen Arten und Varianten der FMEA sind einige Begriffe zu erklären:

Einheit
Materieller oder immaterieller Gegenstand der Betrachtung.

Beschaffenheit
Gesamtheit aller Merkmale und Merkmalswerte einer Einheit.
Unterbegriffe sind Zustand und Ereignis.

Zustand
Beschaffenheit im Augenblick der Betrachtung der Einheit.

Ereignis
Übergang von einem in einen anderen Zustand.

Qualität
Realisierte Beschaffenheit einer Einheit bezüglich der Qualitätsforderung.

Qualitätsmerkmal
Die Qualität mitbestimmendes Merkmal.

Fehler
Nichterfüllung einer Forderung

Störung
Fehlende, fehlerhafte oder unvollständige Erfüllung einer geforderten
Funktion durch die Einheit.
Eine Störung ist ein Zustand.

Ausfall

Beendigung der Funktionsfähigkeit einer Einheit im Rahmen der zugelassenen Beanspruchung.

Ein Ausfall ist ein Ereignis.

Funktion (bisher nicht genormt)

Realisierte Beschaffenheit einer Einheit bezüglich einer geforderten Wirkung.

Die Funktion einer Einheit ist: Erzielen einer geforderten Wirkung

Funktionsmerkmal (bisher nicht genormt)

Die Funktion mitbestimmendes und eine Wirkung erzielendes Merkmal.

Funktionsfehler (auch Fehlfunktion genannt, bisher nicht genormt)

Störung oder Ausfall einer Einheit, so daß die Wirkung nicht erzielt wird.

Produkt

Ergebnis von Tätigkeiten und Prozessen.

Das Ergebnis kann ein materielles oder immaterielles Produkt sein, wie z.B. eine Dienstleistung oder eine Verfahrensanweisung.

Im Sinne der FMEA hat ein Produkt Funktionsmerkmale, mit denen Wirkungen erzielt werden.

Prozeß

Im Sinne der FMEA: Gesamtheit von Funktionen, die Wirkungen erzielen.

2. Die FMEA als Methode

2.1 Arten und Varianten der FMEA

Bis vor Jahren waren im Bereich der Technik die Konstruktions- und die Prozeß-FMEA üblich. Diese beiden Arten der FMEA wurden zur System-FMEA weiterentwickelt. Neu ist an ihr:

* Die Betrachtung von Produkten und Prozessen als Systeme mit System-Elementen oder Untersystemen.
* Die Betrachtung von Funktionen der Systeme und System-Elemente und ihrer funktionaler Zusammenhänge.

Heute spricht man nur noch von der System-FMEA

* für Produkte und
* für Prozesse,

die beide nach Erfordernis weiter untergliedert, d.h. strukturiert werden bei Produkten in Systemelement-FMEA für Bauteile bis hin zu Einzelteilen und bei Prozessen in Systemelement-FMEA für Teilprozesse bis hin zu den Elementen Mensch, Maschine, Methode, Material, Mitwelt (5 M).

2.2 Grundprinzip der System-FMEA

Das ursprüngliche Grundprinzip der Konstruktions- und Prozeß-FMEA, bei dem Qualitätsmerkmale und ihre Fehler analysiert und bewertet wurden, hat sich bei der heute üblichen System-FMEA zur Analyse und Bewertung von Funktionen und Funktionsfehlern gewandelt. Deswegen haben sich die Grundschritte teilweise geändert:

Schritt 1:

* Strukturieren des zu untersuchenden Systems in Systemelemente (SE), die Ebenen zuzuordnen sind.
* Außerdem Aufzeigen funktionaler Zusammenhänge und Schnittstellen der Systemelemente.

Schritt 2:

* Strukturieren des Systems aus Schritt 1 in Funktionen, in dem die Systemelemente durch ihre Funktionen ersetzt werden. Damit treten an die Stelle von Systemstrukturen und Systemelementen Funktionsstrukturen und Funktionen.
* Bei den Systemelementen sind ausgehende, eingehende und innere Funktionen zu unterscheiden:
  - Ausgehende Funktionen wirken auf übergeordnete Systemelemente oder über Schnittstellen in andere Systemelemente.
  - Eingehende Funktionen wirken vom untergeordneten Systemelement oder über Schnittstellen von anderen Systemelementen auf das betrachtete Systemelement ein.
  - Innere Funktionen wirken nur innerhalb eines Systemelements, also ohne Wirkung zu Schnittstellen oder direkt zu anderen Systemelementen.

Schritt 3:

* Die Analyse der Fehlfunktionen oder Funktionsfehler basiert auf Schritt 2, in dem zu jeder Funktion eines Systemelements die möglichen Fehlfunktionen oder Funktionsfehler ermittelt werden.
* Mögliche Funktionsfehler-Ursachen des betrachteten Systemelements sind auf die möglichen Funktionsfehler der untergeordneten und der über Schnittstellen verbundenen Systemelemente zurückzuführen.
* Mögliche Funktionsfehler-Folgen sind die Funktionsfehler übergeordneter und über Schnittstellen verbundene Systemelemente.
* Für die Analyse der Funktionsfehler sind zu ermitteln:
  - Alle möglich erscheinenden Funktionsfehler-Folgen
  - Alle möglich erscheinenden Funktionsfehler
  - Alle möglich erscheinenden Funktionsfehler-Ursachen
* Abhängig von der Tiefe der Funktionsfehler-Struktur ist es zweckmäßig, die Funktionsfehler in unterschiedlichen Ebenen zu analysieren und zu bewerten.

Schritt 4:

* Alle Funktionsfehler-Ursachen sind zur Risikoabschätzung durch die drei Risikofaktoren zu bewerten:
  - B **Bedeutung** der Funktionsfehlerfolgen für den Kunden
  - A Wahrscheinlichkeit für das **Auftreten** der Funktionsfehler
  - E Wahrscheinlichkeit für das **Erkennen** der aufgetretenen Funktionsfehler-Ursache, Funktionsfehler oder Funktionsfehler-Folgen.

Bewertet wird jeweils anhand einer von eins bis zehn reichenden Skala.

* Zur Abschätzung des Risikos werden die drei bewerteten Risikofaktoren miteinander multipliziert und ergeben so eine Risikoprioritätszahl (RPZ), die zwischen 1 und 1000 liegt und Hinweise auf die Prioritäten für Verbesserungs- oder Vermeidungsmaßnahmen gibt.
* Bei der Risikoschätzung für ein betrachtetes System sind im Planungsstadium schon geplante und realisierte Vermeidungs- und Entdeckungsmaßnahmen zu berücksichtigen.

Schritt 5:

* Verbesserungsmaßnahmen sind bei hohen Risikoprioritätszahlen und bei hohen Risikofaktoren für B, A und E während der Planung erforderlich.

  - Das sind an erster Stelle Konzeptänderungen, um Funktionsfehler-Ursachen auszuschließen oder für Funktionsfehler-Folgen eine geringere Bedeutung zu erreichen.

  - An zweiter Steller könnte die Konzept-Zuverlässigkeit erhöht werden, um die Auftrittswahrscheinlichkeit für Funktionsfehler-Ursachen zu senken.

  - An dritter Stelle könnte die Entdeckung der Funktionsfehler-Ursachen verbessert werden, ohne allerdings möglichst intensiver zu prüfen.

2.3 Anmerkungen zu Verfahren und Ablauf

Jede FMEA ist zweckmäßigerweise in drei Phasen zu bearbeiten:

* Phase I: Analyse und Bewertung des Ist-Zustandes in fünf Schritten, auch Vorlauf genannt.

* Phase II: Die sich aus dem Vorlauf ergebenden Risikoprioritätszahlen liefern die Hinweise auf notwendige Verbesserungsmaßnahmen. Diese sind vom Team und hinzugezogenen Experten zusammenzutragen, zu diskutieren, zu beschließen und nach Zeitplan zu realisieren.

* Phase III: Analyse und Bewertung des verbesserten Zustandes mit Ergebnisprüfung. Durch konstruktive Änderungen können neue Merkmale und neue mögliche Fehler zu bewerten sein. Deswegen sind die Schritte des Grundprinzips nochmals zumindest teilweise durchzugehen, um die Ergebnisse der Verbesserungsmaßnahmen neu zu bewerten.

* Alle in Phase II realisierten Maßnahmen sind in Formblättern zu dokumentieren oder es sind dort die besonders gekennzeichneten Dokumente anzugeben, in denen alle Maßnahmen - auch die fehlgegangenen - festgehalten wurden.

* Bei der Bewertung (Schritt 4.) nennt jeder Teilnehmer seine Gewichtung für A, B und E und begründet diese in der Gruppe. Teilnehmer, die ihre Bewertung schon festgelegt hatten, können dann ihre Gewichtung aufgrund neuer Erkenntnisse ändern.

* Aus den Gewichten für A, B und E werden ganzzahlige „Mittelwerte" gebildet, in dem zur nächst höheren ganzen Zahl hingerundet wird.

* Die Risiko-Prioritäts-Zahl - RPZ (in der Literatur auch Risk-Priority-Number - RPN) ist das Produkt der in den Spalten A, B und E eingetragenen Bewertungspunkte. Da es sich hierbei um Rangzahlen handelt, ist nicht die absolute Höhe der Zahlen für die Prioritäten ausschlaggebend sondern die Rangfolge und die oberen Ränge.

* Zu beachten ist: Die Risikoprioritätszahl sollte nicht alleine Entscheidungsgrundlage für Verbesserungsmaßnahmen sein:
    - eine hohe Risikoprioritätszahl und eine hohe Bewertung für A (>6)
    - eine hohe Bewertung für A und/oder B (>7)
    - bei Sicherheitsfunktionen muß B=10 sein
    - bei Lebensdauermerkmalen sollte E=10 sein
    - muß eine intensive Analyse der Fehlerursachen zur Folge haben.

* Einen allgemeingültigen RPZ-Schwellenwert für das Einleiten von Maßnahmen festzulegen, ist wenig sinnvoll.

* Im Sinne einer ständigen Verbesserung ist es zweckmäßig, alle möglichen Fehlfunktionen mit einer Bewertung größer 5 hinsichtlich Verbesserungsmöglichkeiten bei den Risikofaktoren A, B und E zu überdenken.

* Vergleiche von RPZ außerhalb des einzelnen FMEA-Teams sind unzulässig und zwischen Firmen sinnlos, weil die Bewertung grundsätzlich subjektiv ist.

* Die Zusammensetzung des Kernteams sollte für jede FMEA bis zur Phase III beibehalten werden.

* Bei den Schritten des Grundprinzips in Phase I und zur Suche nach Ursachen, Beziehungen und Zusammenhängen sind die Werkzeuge der Management-Technik sehr hilfreich.

2.4 Allgemeine Vorbereitungen

Bevor die System-FMEA als Analysen- und Bewertungsmethode eingesetzt werden kann, sind noch einige Aspekte zu erläutern, denn der Erfolg einer FMEA hängt auch von den Vorbereitungen zu Einzelthemen ab:

Anlaß und Zeitpunkt

Generell gilt: Die Methode so früh wie möglich einsetzen, weil früh angezeigte Schwachstellen kostengünstiger zu beseitigen sind als spätere. Dennoch sollte zumindest der Entwurf eines Prozesses oder Produktes für eine FMEA abgeschlossen sein.

Zum Anlaß kommen z.B. in Betracht:
* Abschluß des Entwurfs
* (Vor) Freigabe der Konstruktion
* Nach Abschluß konstruktiver Änderungen
* erwartete Fehler- und Schadensrisiken
* tatsächliche Fehler, Schadensfälle
* eingeführte Verbesserungsmaßnahmen

FMEA-Team

Bei der Zusammensetzung des Kern-Teams ist darauf zu achten, daß neben dem Planer auch seine Kollegen, aus anderen Bereichen vertreten sind. Vertreter von Arbeitsvorbereitung, Fertigung, Vertrieb und Marketing sind im Kern-Team äußerst nützlich.

Um besondere Forderungen des externen Kunden zu berücksichtigen, ist es manchmal vorteilhaft den Kunden bei den ihn betreffenden Fragen zeitweise im Team mitarbeiten zu lassen. Die Zusammenarbeit sollte sich aber nur auf diese Fragen beschränken. Außerdem muß die Geheimhaltung der FMEA-Ergebnisse gewährleistet sein.

Der Start

Eine FMEA ist im Rahmen eines Entwicklungsprojekts ein wichtiger Meilenstein. Deswegen sollten FMEA-Vorhaben im Unternehmen offiziell gestartet werden, damit auch die nicht direkt Beteiligten informiert sind, um zu wissen, daß ein FMEA-Projekt an den festgelegten Terminen absoluten Vorrang hat.

Das Ende mit Ergebnissen

Insbesondere die Ergebnisse von System-FMEAs finden bei Kunden großes Interesse. Sie gehören aber als unternehmensspezifisches Fachwissen nie in die Hände Externer!

Beschaffen von Informationen

Für das Gelingen einer FMEA ist besonders wichtig, daß die Team-Mitglieder gut informiert sind. Das bedeutet einerseits, daß der Team-leiter die zum jeweiligen Thema gehörenden Unterlagen bereitstellt. Andererseits sollten die Team-Mitglieder den Inhalt der Unterlagen gut kennen, um schnell nachschlagen zu können.

Erstellen der Bewertungstabellen

Die Bewertungstabellen, einmal erstellt, sollten vor jedem FMEA-Vor-haben vor allem hinsichtlich des Risikofaktors für Bedeutung (B) über-prüft werden, inwieweit die Werte den unternehmensspezifischen Vor-stellungen genügen.

Vorbereiten der Arbeitsblätter

Um Zeit zu sparen sollten die Formblätter mit den allgemeinen Daten schon ausgefüllt sein.

Der erste Schritt nach dem Grundprinzip

* Gemäß dem Grundprinzip (2.3) sind im ersten Schritt alle Funktionen aufzulisten. In der Praxis hat sich, um viel Zeit zu sparen, als zweck-mäßig erwiesen, diesen ersten Schritt, der schon zum Prinzip der FMEA zählt, den Vorbereitungen des Team-Leiters zuzuordnen.

3. System-FMEA für Produkte

3.1 Allgemeines

Diese FMEA ist zweckmäßigerweise in die System- und in die System-elemente-FMEA zu unterteilen, weil damit der Aufwand für einzelne

FMEA-Vorhaben begrenzt und für die Team-Mitglieder der Aufgaben-umfang beschränkt, abgegrenzt und überschaubar wird.

Als System gilt ein komplexes Produkt mit seinen Funktionen, also ein Aggregat, wie z.B. ein Ventil. Ein Systemelement ist dagegen ein Bauteil mit seinen Funktions- und Qualitätsmerkmalen.

Die System-FMEA für Produkte sollte nicht mit der für Prozesse vermischt werden, weil das regelmäßig nur zu Problemverlagerungen führt.

Wer ist der Kunde?

Bei der Frage nach der Bedeutung eines Funktionsfehlers muß der Kunde identifiziert werden, für den die Funktionsfehlerfolgen am un-günstigsten sind. Im allgemeinen ist dies der nächste externe Kunde, weil man davon ausgehen kann, daß dieser die Forderungen seiner „Vorgänger-Kunden" bis zum Endbenutzer erfaßt hat.

Womit beginnen?

Bei dieser FMEA beginnt man mit dem komplexen Produkt und seinen Funktionen. Die Betrachtung umfaßt dann auch Systemelemente oder Bauteile, wie z.B. das Ventilgehäuse, wenn es von den Ausfall- oder Störungsursachen her erforderlich ist.

Standard-Elemente

Zur Begrenzung des Aufwandes ist es ratsam, Produkte oder Einzelteile in Standard-Elemente aufzugliedern, z.B. „Lötstelle" oder „Außenge-winde", um dafür eine Standard-FMEA zu entwickeln, deren Struktur sich standardmäßig bei einem ähnlichen Produkt wiederverwenden läßt, allerdings ausdrücklich ohne die Bewertung!

3.2 Phase I: Analyse und Bewertung des derzeitigen Zustands (Vorlauf)

Schritt 1: Strukturieren des Systems

Schritt 2: Funktionsstruktur des Systems

Es sind alle Funktionen des Produkts aufzulisten oder grafisch darzu-stellen.

Schritt 3: Mögliche Funktionsfehlerarten

Es sind den Funktionen alle ihre möglichen Funktionsfehler des betrachteten Systemelements zuzuordnen.

Bei der Bestimmung von Funktionsfehlern kann man leicht Fehler, Fehlerfolgen und Fehlerursachen verwechseln:

Definitionsgemäß gilt als Fehler die „Nichterfüllung einer Forderung". Bei der Produkt-FMEA gilt als Funktionsfehler die „Nichterfüllung einer geforderten Funktion eines Produkts oder Teils".

Der Funktionsfehler ist hier die Funktionsstörung oder der Ausfall. Die Auswirkung oder das Erscheinungsbild ist nicht zu verwechseln mit den Funktionsfehler-Folgen.

Es sind auch Funktionsstörungen zu beschreiben, die erst unter Einsatz- und Betriebsbedingungen auftreten.

Mögliche Funktionsfehler-Folgen

Ist der Funktionsfehler, d.h. ist die Funktionsstörung oder der Ausfall aufgetreten, sind die Auswirkungen auf den Kunden zu beschreiben, wobei der Kunde ein interner oder externer sein kann.

Zu beschreiben sind die unmittelbaren Folgen, wie sie der Kunde wahrnimmt. Ist z.B. die Funktion eines Heizventils gestört, bleibt die Heizung kalt. Wie nimmt der Kunde dies im ungünstigsten Fall auf?

Mögliche Funktionsfehler-Ursachen

Hier ist jede bekannte oder vom Fachmann erdenkliche Ursache für Funktionsstörungen und ihre Folgen einzutragen. Die Ursachen sind so vollständig wie möglich anzugeben, um gezielt Abstellmaßnahmen unmittelbar bestimmen zu können.

Schritt 4: Bewerten des derzeitigen Zustands

Die drei Risikofaktoren
 * Bedeutung
 * Auftreten
 * Erkennbarkeit

sind anhand von drei Tabellen zu schätzen und zu bewerten.

196

Bei dieser Schätzung ist streng darauf zu achten, daß die drei Faktoren unabhängig voneinander betrachtet werden. So ist z.B. die Häufigkeit oder Wahrscheinlichkeit des Auftretens unabhängig von der Bedeutung des Funktionsfehlers zu schätzen!

Bei den drei Risikofaktoren für einen aufgelisteten Funktionsfehler ist im Team der Schätzwert von jedem Team-Mitarbeiter zu begründen. Nach der Diskussion der Schätzwerte sind im Team die Bewertungspunkte festzulegen. Hierbei ist begründeten pessimistischen Einschätzungen der Vorzug zu geben.

Schätzen der Bedeutung des Funktionsfehlers

Für jeden möglichen aufgelisteten Funktionsfehler ist mit Hilfe der Tabelle I die Bedeutung des Funktionsfehlers aus Kundensicht zu schätzen, um die Bewertungspunkte in Spalte B einzutragen. Die Bewertung für E wird für jede Funktionsfehlerursache unter Berücksichtigung aller wirksamen Entdeckungsmaßnahmen festgelegt.

Zu beachten ist:
* Die Bedeutung des Funktionsfehlers für den Kunden muß sich an den Funktionsfehlerfolgen orientieren.
* Bei sicherheitsrelevanten Funktionsfehlern ist B grundsätzlich 10.
* Die Bedeutung kann nur konstruktiv beeinflußt werden.

Schritt 5: Prozeßoptimierung

Entdeckungsmaßnahmen

sind Maßnahmen, die Funktionsfehlerursachen, Funktionsfehler und Funktionsfehler-Folgen entdecken lassen. Zum Untersuchungszeitpunkt wirksame Entdeckungsmaßnahmen sind für die Risikoschätzung relevant.

Vermeidungsmaßnahmen

Für jede mögliche Funktionsfehlerursache werden als Basis für die Risiko-Schätzung die zum Untersuchungszeitpunkt bereits realisierten Vermeidungsmaßnahmen aufgezeigt.

Schätzen der Auftretenswahrscheinlichkeit

Die Wahrscheinlichkeit für das Auftreten jeder möglichen Funktionsfehler-ursache ist mit Hilfe der Tabelle II zu schätzen, um die Bewertungspunkte in Spalte A einzutragen. Der Risikofaktor A wird für jede Funktionsfehler-ursache unter Berücksichtigung aller wirksamen Vermeidungsmaß-nahmen festgelegt.

Zu beachten ist:

* Das Auftreten des Funktionsfehlers hängt von den Funktionsfehler-ursachen, d.h. von den möglichen Ursachen ab, z.B. von Funktionsfehlerursachen in der Fertigung oder von Betriebs- und Beanspruchungsbedingungen.

* Die Auftretenswahrscheinlichkeit kann nur durch konstruktive Änderungen gesenkt werden.

* Bei einer Bewertung gleich oder größer 7, ist grundsätzlich auch bei niedriger Risikoprioritätszahl eine ausführliche Analyse der Funktionsfehlerursachen und Bestimmung der Gegenmaßnahmen erforderlich.

Schätzen der Entdeckbarkeit

Für jeden möglichen aufgelisteten Funktionsfehler ist die Wahrscheinlich-keit, ihn vor Auslieferung an den Kunden zu entdecken, mit Hilfe der Tabelle III zu schätzen, um die Bewertungspunkte in Spalte E einzu-tragen.

Zu beachten ist:

* Die Wahrscheinlichkeit für die Entdeckung bezieht sich auf die Funktionsfehlerhäufigkeit. Wenn z.B. die Entdeckungswahrschein-lichkeit 90% und die Fehlerhäufigkeit 5% beträgt, dann ist die Quo-te der nicht entdeckten Funktionsfehler = $0,10 \cdot 0,05 = 0,005$ oder 0,5%. D.h., 0,5% der Funktionsfehler werden nicht erkannt.

* Design-Fehler, die erst im nächsten oder übernächsten Arbeits-gang zwangsläufig entdeckt werden, sind mit $E = 2$ zu bewerten.

* Design-Fehler, die erst beim internen Kunden entdeckt werden, sind mit $E = 9$, beim externen Kunden mit $E = 10$ zu bewerten.

3.3 Phase II: Verbesserungsmaßnahmen suchen und verwirklichen

Nachdem die Bewertungen für A, B und E und die Risikoprioritätszahlen der möglichen und aufgelisteten Funktionsfehler des betrachteten Entwicklungsstandes ermittelt wurden, sind den Prioritäten und einzelnen Bewertungspunkten zufolge, die Verbesserungsmaßnahmen vom Team und hinzugezogenen Experten zu suchen und zu verwirklichen.

Verbesserungs- und Vermeidungsmaßnahmen

Hier sind Vorschläge zu Korrekturen und Änderungen am Entwurf oder an der Konstruktion zu diskutieren und als Diskussionsergebnis einzutragen. Sind dies größere oder umfangreichere Vorhaben, sollten die Verbesserungsmaßnahmen in gesonderten Dokumenten festgeschrieben werden.

Die Maßnahmen haben zum Ziel:
* die Funktionsfehlerursachen auszuschalten, oder wenn dies nicht realisierbar erscheint,
* die Häufigkeit des Auftretens zu reduzieren,
* Maßnahmen zur Funktionsfehlervermeidung sind denen der Verbesserung der Erkennbarkeit grundsätzlich im Entwicklungsstadium vorzuziehen, weil zur Verbesserung der Erkennbarkeit Prüfungen im Fertigungsprozeß angeordnet werden müßten, was zu zusätzlichen Kosten führt und die Produktqualität nicht beeinflußt.
* Bei den Vorschlägen zu Korrekturen sollte an erster Stelle an konstruktive Maßnahmen, an zweiter Stelle an den Herstellprozeß und zuletzt an Prüfungen gedacht werden.

Der Risikofaktor „Bedeutung" des Funktionsfehlers läßt sich kaum durch konstruktive Maßnahmen verändern. Deswegen sollte die Bedeutung zum Anlaß genommen werden, mögliche oder erkannte Funktionsfehlerursachen zu beseitigen, damit Funktionsfehler nicht auftreten können. Bei der Suche nach Verbesserungsmaßnahmen haben sich Kreativitätstechniken oft bewährt. Sie sollten deswegen dem Team bekannt sein.

Verantwortlich/Termin

Wie in jedem Protokoll, ist hier der für eine Maßnahme verantwortliche Mitarbeiter zu benennen und der Termin für die Verwirklichung vorzugeben.

Verwirklichte Maßnahmen

Da die verwirklichten Maßnahmen von den empfohlenen abweichen können, sind hier die tatsächlich ausgeführten anzugeben.

3.4 Phase III: Analyse und Bewertung des verbesserten Zustands und Erfolgsprüfung

Sind durch konstruktive Änderungen neue Funktionsmerkmale zu analysieren und zu bewerten, ist das Grundprinzip mit seinen fünf Schritten wieder neu zu durchlaufen.

Andernfalls sind die verwirklichten Verbesserungsmaßnahmen in den Spalten A, B, E neu zu bewerten und die Risikoprioritätszahlen zu bestimmen.

Spalten B, A, E und RPZ

Die verwirklichten Maßnahmen, also die Korrekturen und Änderungen an der Konstruktion, sind vom FMEA-Team erneut zu bewerten, um für den verbesserten Zustand die neue Risikoprioritätszahl zu berechnen.

3.5 Abschließende Beurteilung

Das Ergebnis einer FMEA für Produkte ist spätestens während der Fertigungsphase vom Teamleiter zu überprüfen, um festzustellen,

* wie realitätsnah die möglichen Fehler ermittelt und bewertet wurden,
* wie wirksam die verwirklichten Maßnahmen sind.

3.6 Bewerten nach Tabellen

Die drei Risikofaktoren sind für die Team-Arbeit in den drei Tabellen möglichst realistisch vorzugeben. Sie sind jedoch bei jedem FMEA-Vorhaben produkt- und kundenspezifisch zu aktualisieren.

Tabelle I (B zur System-FMEA für Produkte)

Bedeutung, Auswirkung auf den Kunden	Bewertungspunkte
Bedeutungsloser Funktionsfehler: Ist vom Kunden nicht wahrnehmbar.	1
Geringfügiger Funktionsfehler: Der Kunde wird ihn kaum bemerken und ihn selten beanstanden oder die Funktion ist leicht beein- trächtigt, so daß nur besonders kritische Kunden dies bemerken.	2 3
Mäßiger Funktionsfehler: Löst bei einigen Kunden Unzufriedenheit aus.	4-6
Schwerer Funktionsfehler: Löst infolge Nichtfunktionierens erhebliche Unzufrie- denheit aus. Der Funktionsfehler wird bestimmt be- anstandet.	7-8
Folgenschwerer Funktionsfehler: Der Ausfall des Produkts führt zu Folgeschäden, die Sicherheit ist beeinträchtigt.	9-10

Tabelle II (A zur System-FMEA für Produkte)

Wahrscheinlichkeit des Auftretens	Wahrscheinlichkeit	Bewertungspunkte (Gewichtung)
Sehr gering: Es ist unwahrscheinlich, daß der Funktionsfehler auftritt.	Fast Null	1
Gering: Die Entwicklung entspricht generell früheren Entwürfen, bei denen sehr wenige Funktionsfehler auftraten.	1/20.000 1/10.000	2 3
Mäßig: Die Entwicklung entspricht generell früheren Entwürfen, bei denen gelegentlich, jedoch nicht in höherem Maße, Funktionsfehler auftraten.	1/2.000 1/1.000 1/200	4 5 6
Hoch: Die Entwicklung entspricht generell früheren Entwürfen, die in der Vergangenheit immer wieder Probleme verursachten.	1/100 1/20	7 8
Sehr hoch: Es ist zu erwarten, daß Funktionsfehler in größerem Umfang auftreten werden.	1/10 1/2	9 10

Tabelle III (E zur System-FMEA für Produkte)

Entdeckungswahrscheinlichkeit	Wahrscheinlichkeit	Bewertungs-punkte (Gewich-tung)
Hoch: Der Funktionsfehler wird zwangsläufig entdeckt.	99,99%	1
Weniger hoch: Bis zu 1% der Funktionsfehler werden nicht entdeckt.	99%	2
Bis zu 5% der Funktionsfehler werden nicht entdeckt.	95%	4
Mäßig: Bis zu 10% der Funktionsfehler werden nicht entdeckt	90%	5
Gering: Über 10% der Funktionsfehler werden nicht entdeckt.	$70\% < E \leq 90\%$	6-8
Sehr gering: Der Funktionsfehler ist kaum erkennbar oder kann nicht direkt geprüft werden.	Fast Null	9-10

4. System-FMEA für Prozesse

4.1 Allgemeines

Diese FMEA ist zweckmäßigerweise in die System- und System-elemente-FMEA zu unterteilen, weil damit der Aufwand für einzelne FMEA-Vorhaben begrenzt und für die Team-Mitglieder der Aufgaben-umfang beschränkt, abgegrenzt und überschaubar wird.

Als System gilt ein komplexer Gesamtprozeß mit seinen Hauptfunktionen (die etwas bewirken sollen) und den Teilprozessen als System-Elemente.

Die FMEA kann sich bis hin zu einzelnen Tätigkeiten oder z.B. bis in die Auslegung von Werkzeugen erstrecken.

Bei der Produkt-FMEA wird gerne aus Bequemlichkeit versucht, vor allem Probleme der Erkennbarkeit von Funktionsfehlern auf den Prozeß zu verlagern. Das zu ändern sollte auch nachträglich noch versucht werden.

Wer ist der Kunde?

Bei der Frage nach der Bedeutung eines Funktionsfehlers muß der Kunde identifiziert werden, für den die Funktionsfehlerfolgen am ungünstigsten sind. Bei Prozessen wird vielfach der nächste Kunde ein nachfolgender Prozeß sein. Deswegen sind die Forderungen an die Wirkung einer Funktion des nachfolgenden Prozesses oft anders zu bewerten als beim externen Kunden.

Womit beginnen?

Bei dieser FMEA beginnt man mit dem komplexen Gesamtprozeß und seinen Funktionen. Die Betrachtung umfaßt dann auch Systemelemente oder Teilprozesse, wie z.B. „Stanzen", wenn es von den Ausfall- oder Störungsursachen her erforderlich ist.

Standard-Elemente

Zur Begrenzung des Aufwandes ist es ratsam, Standard-Tätigkeiten, die in Prozessen immer wieder vorkommen, als Standard-Prozeßelement getrennt zu betrachten, so z.B. „kleben", „Trocknen" oder „Aufreihen", vielleicht sogar Stanzen oder Eloxieren.

Für diese Standard-Elemente läßt sich eine Standard-FMEA entwickeln, deren Struktur sich standardmäßig bei ähnlichen Prozessen wiederverwenden läßt, allerdings ausdrücklich ohne die Bewertung!

4.2   Phase I: Analyse und Bewertung des Ist-Zustandes (Vorlauf)

Schritt 1:

Strukturieren des zu untersuchenden Systems in Systemelemente (SE).

* Prozeßfolgen werden vertikal,

* (prozeßtiefe) Tätigkeiten, Abläufe und Komponenten werden horizontal dargestellt.

* Funktionale Schnittstellen ergeben sich an den Grenzen der Systemelemente. Z.B.: Bei Systemelementen „Materialzuführung" (ge-

schnitten, auf Wagen gestapelt, zum nächsten Systemelement „Stanzen" transportiert und zwischengelagert) ist das Lager auf dem Wagen eine Schnittstelle. Sie entsteht durch Abgrenzen der beiden Systemelemente „Materialzuführung/Stanzen".

Schritt 2:

Funktionsstrukturen darstellen und Funktionen entsprechend den Beziehungen verknüpfen.

Bei komplexen Gesamtprozessen sind zweckmäßigerweise die Teilprozesse einzeln zu betrachten.

Schritt 3:

Von der Funktionsstruktur (Schritt 2) wird die Fehlfunktionsstruktur abgeleitet und dargestellt, um alle möglich erscheinenden

* Funktionsfehlerfolgen

* Funktionsfehler

* Funktionsfehlerursachen
  zu ermitteln.

* Funktionsfehler oder Fehlfunktionen werden eingetragen.

* Funktionsfehler übergeordneter oder über Schnittstellen verbundener Systemelemente werden als Funktionsfehler-Folgen

* Funktionsfehler untergeordneter oder über Schnittstellen verbundener Systemelemente werden als Funktionsfehlerursachen eingetragen.

Schritt 4:

Bewerten der Funktionsfehlerursachen zur Risikoschätzung unter Berücksichtigung geplanter und realisierter Vermeidungsmaßnahmen.

Bedeutung B

Die Bedeutung der Funktionsfehlerfolgen für den externen Kunden kann im Team anhand der Tabelle IV erfolgen. Für interne Kunden sind spezielle Bewertungen in Tablle IV festzulegen.

Auftretenswahrscheinlichkeit A

Unter Berücksichtigung aller realisierter und geplanter Vermeidungs-maßnahmen wird die Bewertungszahl A im Team anhand der Tabelle V bestimmt.

Entdeckungswahrscheinlichkeit E

Entdeckungsmaßnahmen sind meist mit Prüfungen verbunden. Die Be-wertung ist unter Berücksichtigung geplanter oder realisierter Prüfungen mit Hilfe Tabelle VI vorzunehmen. Grundsätzlich ist bei Prüfungen zu be-achten: Mit ihnen läßt sich Qualität nicht erzielen und schon gar nicht ver-bessern.

Schätzen der Risikoprioritätszahl (RPZ)

Aus den drei Risikofaktoren B, A und E ist durch Multiplikation ein Wert für die Risikoprioritätszahl zu schätzen.

Schritt 5:

Die Verbesserung des Prozesses durch Verbesserungs-, Vermeidungs-und Entdeckungsmaßnahmen wird bei hohen Risikoprioritätszahlen und hohen Werten für B, A und E erforderlich.

Tabelle IV (B zur System-FMEA für Prozesse)

Bedeutung, Auswirkung auf den Kunden	Bewertungspunkte
Bedeutungsloser Funktionsfehler: Für den nächsten Prozeß ohne Auswirkung vom Kunden nicht erkennbar.	1 2
Geringfügiger Funktionsfehler: Wird im nächsten Prozeß nur vom Fachpersonal bemerkt. Wird vom Kunden kaum beanstandet.	2 3
Mäßiger Funktionsfehler: Führt beim nächsten Prozeß zu Probelemen. Löst bei einigen Kunden Unzufriedenheit aus.	4 5 6
Schwerer Funktionsfehler: Führt zu Prozeß-Unterbrechung oder Verschrotten. Wird vom Kunden bestimmt beanstandet.	7 8
Folgenschwerer Funktionsfehler: beschädigt Anlagen und Werkzeuge. Führt zu Folgeschäden beim Kunden.	9 10

Tabelle V (A zur System-FMEA für Prozesse)

Wahrscheinlichkeit des Auftretens	Wahrscheinlichkeit	Bewertungs-punkte (Gewich-tung)
Sehr gering: Es ist unwahrscheinlich, daß der Funktionsfehler auftritt. Prozeß ist qualitätsfähig.	Fast Null	1
Gering: Auftreten mit geringer Wahrscheinlich-keit. Prozeß ist bedingt qualitätsfähig.	1/20.000 1/10.000	2 3
Mäßig: Tritt gelegentlich auf. Prozeß mit wenig Zufallsfehlern.	1/2.000 1/1.000 1/200	4 5 6
Hoch: Tritt häufiger auf mit etwa Zufallsfehler häufen sich im Prozeß	1% 2%	7 8
Sehr hoch: Prozeß ist unbeherrscht und unpräzise. Prozeß enthält systematische Funktions-fehler.	3% 4%	9 10

Tabelle IV (E zur System-FMEA für Prozesse)

Entdeckungswahrscheinlichkeit	Wahrscheinlichkeit	Bewertungspunkte (Gewichtung)
Hoch: Der Funktionsfehler wird zwangsläufig entdeckt.	99,99%	1
Weniger hoch: Entdecken durch einfache Prüfungen ist bis zu 1% der Funktionsfehler sehr wahrscheinlich, bis zu 1% der Funktionsfehler werden nicht entdeckt.	99%	2
Bis zu 3% der Funktionsfehler werden nicht entdeckt.	97%	3
Bis zu 5% der Funktionsfehler werden nicht entdeckt.	95%	4
Mäßig: Bis zu 10% der Funktionsfehler werden nicht entdeckt	90%	5
Gering: Über 10% der Funktionsfehler werden nicht entdeckt.	70% < E ≤ 90%	6-8
Sehr gering: Der Funktionsfehler ist schwer erkennbar oder kann nicht direkt geprüft werden.	Fast Null	9-10

Projektleiter: ....   Blatt: ..../....

Erstellt am: ....   Überarbeitet am: ....

Freigabe durch Projektleiter: ....

① Mögliche Funktions- fehlerfolgen	B	② Mögliche Funktions- fehler	③ Mögliche Funktions- fehlerursa- chen	④ Vermei- dungsmaß- nahmen	A	⑤ Entdeckungs- maßnahmen	E	RPZ

Projektleiter:		Blatt: ..../....				
Erstellt am:		Überarbeitet am:				
Freigabe durch Projektleiter:						

⑥ Empfohlene oder vorgesehene Maßnahmen	⑦ Verantwortlich/ Termin	verbesserter Zustand				
		⑧ Getroffene Maßnahmen	A	B	E	RPZ

9.4   Internes Audit

1.   Zweck und Geltungsbereich

Über Qualitätsaudits bestehen so viele Mißverständnisse, Vorbehalte und Abneigungen, daß es angezeigt ist, über Ziele, Begriffe und ihre Inhalte zu informieren und Voraussetzungen, Bedingungen und Vorgehensweisen für das Audit als Führungselement und Werkzeug der Geschäftsleitung zu erläutern. Außerdem soll den zu Auditierenden das Qualitätsaudit als QM-Methode näher gebracht werden, um bei ihnen Spannungen und Vorurteile abzubauen.

Zum Verständnis sind folgende Begriffe definiert:

Qualitätsaudit

Systematische und unabhängige Untersuchung, um festzustellen, ob die qualitätsbezogenen Tätigkeiten und damit zusammenhängende Ergebnisse den geplanten Anordnungen entsprechen, und ob diese Anordnungen tatsächlich verwirklicht und geeignet sind, die Ziele zu erreichen.

Anmerkung 1: Das Qualitätsaudit wird meist auf ein QM-System oder auf QM-Elemente, auf Prozesse oder auf Produkte angewendet. Solche Qualitätsaudits werden daher auch „System-Audit", „Verfahrensaudit", „Produktaudit" oder „Prozeßaudit" genannt. Von Verfahrensaudit und Produktaudit wird gesprochen, wenn die Wirksamkeit von QM-Elementen anhand von Verfahren und Produkten untersucht wird. Beim Systemaudit geht es um die Untersuchung der Wirksamkeit des QM-Systems als Ganzes. Dabei sind System-Audit, Dienstleistungs- und Verfahrensaudit nicht einfach unterscheidbar.

Anmerkung 2: Das Produktaudit bezieht sich auf materielle Produkte. Vom Dienstleistungsaudit wird gesprochen, wenn sich das Audit auf das immaterielle Produkt Dienstleistung bezieht.

Anmerkung 3: Beim Prozeßaudit ist der Auditgegenstand der Produktentstehungsprozeß, die Serienproduktion, der Dienstleistungsprozeß, die Erbringung der Dienstleistung.

Anmerkung 4: Mittlerweile werden auch Geschäftsprozesse auditiert.

Internes Qualitätsaudit

Auf Veranlassung der Unternehmensleitung durchgeführtes Qualitätsaudit.

Externes Qualitätsaudit

Im Unternehmen auf Veranlassung der Geschäftsleitung durch eine Zertifizierungsstelle oder auf Veranlassung eines Auftraggebers durchgeführtes Qualitätsaudit.

Anmerkung 1: Ein externes Qualitätsaudit (Systemaudit), von einer akkreditierten Zertifizierungsstelle durchgeführt, nennt man Zertifizierungsaudit.

Anmerkung 2: Vom Kundenaudit wird gesprochen, wenn es auf Veranlassung eines potentiellen oder tatsächlichen Auftraggebers durchgeführt wird. Es ist ein externes Qualitätsaudit.

2. Interne Audits

2.1 Allgemeines

Ein Qualitätsaudit ist als „qualitätsbezogenes Controlling" zu betrachten, das sich auf das Qualitätsmanagement mit seinen Tätigkeiten, Abläufen und Ergebnissen bezieht. Es darf nicht mit Qualitätsprüfungen verwechselt werden, bei denen die typische Frage lautet: Inwieweit wird die Qualitätsforderung vom Angebotsprodukt erfüllt?

Beim internen Qualitätsaudit wird statt dessen gefragt und festgestellt, ob die qualitätsbezogenen Tätigkeiten und ihre Ergebnisse den Vorgaben und Zielen entsprechen.

Gegenstand des internen Qualitätsaudits sind alle Qualitätsmanagement-Elemente und nicht das Angebotsprodukt.

Derartige „qualitätsbezogene Controllings" haben in gut geführten Unternehmen schon immer stattgefunden. Nun sollen sie als Qualitätsaudits durch Planen, gezieltes Befragen und durch offene Diskussion der Ergebnisse systematisiert werden.

2.2 Ziele

Die Ziele interner Qualitätsaudits sind im Wesentlichen
* die Wirksamkeit des Qualitätsmanagements zu beurteilen
* Schwachstellen aufzudecken
* Abhilfemaßnahmen festzulegen und zu veranlassen
* die Realisierung der Maßnahmen zu überwachen
* die Wirksamkeit von Korrektur- und Vorbeugungsmaßnahmen zu beurteilen.

2.3 Prinzipielle Frageninhalte

Beim internen Audit zielen die Fragen auf firmenspezifische, also auf unternehmensinterne Tätigkeiten und Abläufe, die in Vorgabe-Dokumenten festgelegt und angeordnet sind. Diese Fragestellung ist also prinzipiell:
* ob und wie die qualitätsbezogenen Tätigkeiten und die damit zusammenhängenden Ergebnisse den geplanten Anordnungen entsprechen,
* ob und wie die Anordnungen wirkungsvoll verwirklicht sind,

* ob und wie die Anordnungen geeignet sind, die Ziele zu erreichen.

Anmerkung zum besseren Verständnis: Beim externen Audit kann nur formal nach der Übereinstimmung von dargelegten Vorgaben und ihrer Verwirklichung gefragt werden. Wie wirksam die Anordnungen tatsächlich sind und wieweit die Ziele erreicht wurden, kann bei dieser formalen Befragung kaum festgestellt werden, weil die externen Auditoren die Internas nicht kennen.

In Kurzform: Bei externen Audits können nur die formalen Voraussetzungen der Qualitätsfähigkeit beurteilt werden. In internen Audits ist die tatsächlich erreichte Qualitätsfähigkeit zu bewerten.

2.4 Voraussetzungen und Bedingungen für Qualitätsaudits

Qualitätsaudits zielen auf die Bewertung der Übereinstimmung der Vorgaben mit den Tätigkeiten und Abläufen. Die Vorgaben müssen daher konkretisiert und damit auch dokumentiert sein.

Qualitätsaudits setzen daher voraus, daß das QM-System in einem Handbuch und in mitgeltenden Dokumenten dargelegt ist.

Eine wichtige Bedingung ist in der Ablauforganisation zu Korrektur- und Vorbeugungsmaßnahmen zu sehen, denn die Auditergebnisse müssen fallweise in Korrektur- und Vorbeugungsmaßnahmen umgesetzt werden und gerade dafür muß die Unternehmensleitung wirksame Abläufe organisieren.

2.5 Planen von Audits

Zur Grobplanung interner Audits wird zweckmäßigerweise in größeren Unternehmen zunächst die Audit-Matrix Themen und Termine, vom Auditor angefertigt. Sie enthält als Formblatt die zu auditierenden Themen und die zu auditierenden Bereiche, Stellen oder Funktionen.

Die Matrix-Felder werden vom Auditor mit einem Termin belegt, wenn eine Beziehung zwischen Funktion oder Stelle und einem Element besteht.

Die Feinplanung erfolgt mit Hilfe des Protokolls interner Audits, in dem die Auditfragen vom Auditor vorgegeben werden.

Da der Inhalt mitgeltender Dokumente Grundlage vieler Auditfragen ist, sind zur Planung der Auditfragen die mitgeltenden Dokumente zur Vereinfachung und besseren Übersicht im Protokoll einzutragen.

2.6 Auditieren

Als Auditoren kommen Mitarbeiter in Frage, die folgende Bedingungen erfüllen:

* Sie müssen die Aufbau- und Ablauforganisation des Unternehmens, insbesondere sein QM-System kennen.
* Sie müssen zum Kreis der Führungskräfte zählen.
* Sie dürfen in dem zu auditierenden Bereich weder Verantwortung noch Kompetenzen haben.
* Sie müssen sich mit dem Unternehmen identifizieren.
* Ihnen muß bewußt sein, daß sie die zu Auditierenden kollegial unterstützen müssen. Vor allem, wenn Schwachstellen aufgedeckt wurden.

Auditiert wird jede Stelle oder Funktion anhand der Auditfragen des Protokolls. Die Befragungsergebnisse werden als Feststellung dokumentiert.

Falls Nachaudits erforderlich werden, ist das gleiche Formblatt zu verwenden. Allerdings sollte dann kenntlich gemacht werden, daß es sich um ein Nachaudit handelt.

2.7 Auswerten und Berichten

Auditergebnisse werden als Feststellung in der Spalte Bewertung direkt bewertet. Die Note 1: bedeutet gut erfüllt, die Note 2: ist noch akzeptabel, die Note 3: reicht nicht mehr aus.

Die Kurzbewertung 2 ist zu erläutern. Dazu sind Hinweise und Empfehlungen zu Verbesserungsmöglichkeiten zu geben.

Bei Kurzbewertung 3 muß auf Korrekturmaßnahmen hingewiesen werden. Als erforderlich erkannte Korrekturen sind auf das Formblatt Korrektur- und Verbesserungsmaßnahmen zu übertragen. Feststellungen mit der Bewertung 3 sind als Auditfrage in das Protokoll für das nächste Audit aufzunehmen.

Auditberichte an die Geschäftsleitung sollten formlos abgefaßt werden und nur die wesentlichen Abweichungen und Korrekturen zusammengefaßt enthalten.

2.8 Mitgeltende Dokumente

Formblatt 8.2-01: Auditprotokoll

Formblatt 8.5-01: Korrektur- und Verbesserungsmaßnahmen

9.5 Grundsätzliches zur Kommunikation

1. Zweck und Geltungsbereich

In jeder Organisation ist mangelnde Kommunikation, also unzureichende Verständigung mit 70 bis 80% Anteil die weitaus bedeutsamste Quelle für Fehler an Produkten und in Prozessen, in denen diese Produkte entstehen oder erbracht werden.

In dieser Hausnorm geht es um Grundkenntnisse zur Kommunikation. Dabei ist zu beachten, daß Kommunikation in zwei Bereichen wirken muß:

* als Interne Kommunikation im Inneren der Organisation mit ihren Mitarbeitern
* als Externe Kommunikation zwischen den Organisationen also z.B. zwischen Lieferanten und Kunden.

Information und Kommunikation

Kaum jemand macht sich bei den so häufig verwendeten Begriffen Gedanken über Inhalt und Bedeutung.

Unter Information wollen wir die Vermittlung von Wissen, von Daten und die Übertragung von Signalen vom Sender zum Empfänger verstehen.

Als Kommunikation gilt bei uns Verständigung, Verständigung untereinander und miteinander. Zur Kommunikation, die etwas bewirken soll, gehören:

* **Vergewisserung**
  Kommunikation setzt Information voraus. Kommunikation ohne In-

formation ist „leeres Geschwätz".

Sender wie Empfänger müssen nach der Wissensvermittlung oder Übertragung prüfen, ob die Nachricht ihrem Inhalt nach zutreffend „angekommen" ist, d.h., ob das Gesendete vom Empfänger so verstanden wurde, wie der Sender es meinte.

Sender und Empfänger müssen prüfen, müssen sich vergewissern, ob die Information vom zutreffenden Empfänger vollständig, eindeutig und inhaltlich ausreichend empfangen und verstanden wurde, um sie nutzbringend zu verwenden.

* **Konsequenzen**

Die vermittelte Information muß Konsequenzen haben. Informationen ohne Konsequenzen sind „Müll".

Sender und Empfänger müssen prüfen, welche Konsequenzen sich aus der Wissensvermittlung ergeben sollen.

Die Diskussion über die Konsequenzen muß zu einer von Sender und Empfänger gemeinsam akzeptierten Lösung des anstehenden Problems führen, denn erfolgreiche Kommunikation beruht auf beidseitiger Anerkennung und Verträglichkeit.

3.   Die überragende Bedeutung von Kommunikation

Bei der produzierenden und dienstleistenden Industrie erfolgt die Verständigung während der Phasen der Planung und Produktrealisierung hauptsächlich durch Dokumente, wie z.B. Zeichnungen, Rezepturen, Pflichtenhefte, Anweisungen und Pläne, die nicht nur Informationen als Vorgaben enthalten, sondern Informationen, die vor ihrer offiziellen und verbindlichen Verwendung von den Beteiligten bis zur Akzeptanz diskutiert, geändert und dann einvernehmlich festgelegt werden, was im allgemeinen intensive Kommunikation erfordert.

Aus diesen industriellen Bereichen ist aus vielen Erfahrungen bekannt, daß etwa 70-80% der Probleme, der Fehler und Fehlleistungen auf mangelnde Kommunikation zurückzuführen sind!

Aus dieser Erfahrung ist herzuleiten, daß etwa Dreiviertel der Fehlerkosten im Unternehmen durch mangelhafte Kommunikation entstehen!

Das wiederum bedeutet für die Fehlerkosten in einem normal (erfolg-reich) geführten Industrie-Unternehmen, daß die Fehlerkosten, die in der Größenordnung des Gewinns vor Steuern anfallen, oder bis zu 30% vom Umsatz ausmachen, im Wesentlichen, nämlich zu etwa 75% auf mangel-hafte Kommunikation zurückzuführen sind.

Das bedeutet im Klartext: Von 1.000 € Umsatz werden im Mittel etwa 300 € und mehr aus dem Fenster geworfen!

Davon sind etwa 230 € auf mangelnde Kommunikation zurückzuführen!

Die überragende Bedeutung der Kommunikation ergibt sich bei dieser Sicht auch noch aus einer anderen Tatsache:

Zu jedem Entwicklungs-, Herstell-, Dienstleistungs- und Geschäftsprozeß existiert, mehr oder weniger ausgeprägt, ein Kommunikationsprozeß! Denn alle diese Prozesse sind ohne Kommunikation nicht möglich, nicht realisierbar.

4.   Kommunikationsprozesse im persönlichen Bereich

Vor allem interne Kommunikation beruht nicht, wie in der Groß-Industrie üblich, auf allseits akzeptierten Dokumenten, mit deren Hilfe man sich über die auszuführende Arbeit verständigt. Kommunikation findet hier vorzugsweise in Gesprächen statt, die nicht dokumentiert werden, was den Nutzen der Kommunikation erheblich beeinträchtigen kann. Schließ-lich kann Information

* schnell verloren gehen,
* falsch oder unvollständig sein,
* mißverstanden werden.

Dagegen scheint der Aufwand viel zu groß, wenn jedes Gespräch doku-mentiert würde, um zu verhindern, daß Informationen verlorengehen oder nicht zutreffend verwendet werden.

Allerdings ist zu bedenken: Eine Information zu dokumentieren und be-reitzustellen kostet möglicherweise 10 bis 20 Cent. Eine verlorenge-gangene Information kann leicht zum zehntausendfachen Schaden füh-ren, also z.B. zu 1.000,- bis 2.000,- €!

Weil Kommunikation so bedeutsam ist, müssen alle Führungskräfte darüber reden, müssen alle ihre Wirksamkeit beurteilen und Schwachstellen
erkennen, um Kommunikationsprozesse angemessen zu verbessern.

Das bedeutet in einem ersten Schritt, daß alle für das QM-System erforderlichen Prozesse zu erfassen und zu analysieren sind, um in den
einzelnen Prozeßschritten erforderliche Kommunikation zu erkennen.

Das bedeutet in einem zweiten Schritt, die Kommunikationsprozesse zu
erfassen, bei denen Informationen und ihre Handhabung zu Fehlern und
damit zu Fehlerkosten führen können.

Der dritte Schritt zielt auf die Schwachstellen der als wichtig erkannten
Kommunikationsprozesse:

* Führungskräfte müssen gemeinsam mit den an diesen Prozessen
  beteiligten Mitarbeitern alle möglichen Schwachstellen erfassen,
  analysieren und
* Verbesserungen in der Kommunikation diskutieren, um Abhilfen
  festzulegen und zu verwirklichen.

5.   Wege zur Verbesserung der Kommunikation

5.1   Analyse

Wer die Kommunikation verbessern will, muß zunächst die Störungsarten
analysieren.

Die meisten der möglichen Störungsarten beziehen sich auf Informationen:

1. Informationen fehlen, sind unvollständig oder nicht eindeutig
2. Informationen sind falsch oder unzutreffend
3. Informationen werden mißverstanden
4. Informationen sind verlorengegangen
5. Informationen sind unzweckmäßig oder unangemessen.

Die Störungen können vom Sender wie vom Empfänger ausgehen.

5.2   Korrekturmaßnahmen

Für die Störungsart 1 kommt nur eine Korrekturmaßnahme in Betracht:

* Nachfragen des Empfängers beim Sender, um die Informationen
  zu korrigieren.

Für die Störungsarten 2 bis 4 ist eine Korrektur nicht mehr möglich, denn die Störung ist nicht mehr korrigierbar.

Die Störungsart 5 kann noch durch Beratung des Senders durch den Empfänger hinsichtlich Zweckmäßigkeit und Angemessenheit korrigiert werden.

5.3 Vorbeugungsmaßnahmen

Zur Vorbeugung kommt eine Vielzahl von Maßnahmen in Frage, die jedoch aufgrund der Komplexität der Kommunikationsprobleme zweckmäßigerweise als Kombination von Einzelmaßnahmen organisiert werden sollte.

Die vielen zu kombinierenden Einzelmaßnahmen sind den Hauptthemen Schulung, Dokumentation und Vergewisserung untergeordnet:

1. Schulung

1.1 Allgemeine Schulung mit dem Ziel, die Verständigung und Zusammenarbeit zu verbessern.

1.2 Beratung und Schulung des Senders zu einem speziellen Thema mit Training an Beispielen, um beim Sender Einsicht in die Bedeutung der Kommunikation zu erreichen.

1.3 Beratung und Schulung des Empfängers zu einem speziellen Thema mit Training an Beispielen, um beim Empfänger Verständnis für den Inhalt der Information zu erzeugen.

2. Dokumentation

Das Fixieren von Informationen hat grundsätzlich zum Ziel, den Inhalt der Information zu sichern.

2.1 Formblätter entwickeln, um beim Ausfüllen Vollständigkeit zu erzwingen.

2.2 Laufkarten vorgeben, um einen Zwangslauf der Informationen und damit verbundener Tätigkeiten zu erreichen.

2.3 Gesprächsnotizen, Info-Zettel, Mitteilungen und ähnliche Dokumente einführen, um Informationsinhalte zu sichern und überprüfen zu können.

3. Vergewissern

3.1 Sich durch Rückfragen als Sender oder Empfänger über den Inhalt der Informationen vergewissern.

3.2 Prüfen und Bewerten der Informationen durch den Empfänger nach den vier Kriterien

* vollständig

* eindeutig

* machbar

* angemessen und zweckmäßig.

6. Ursache und Wirkung mangelhafter Kommunikation

Zentrales Problem mangelhafter Kommunikation ist das Mißverständnis, also die Information,

* die vom Empfänger oder

* vom Sender mißverstanden wird.

Diese beiden Arten von Mißverständnissen bewirken Fehler an Produkten, wobei als Produkte alle Ergebnisse von Prozessen in Betracht kommen.

Wer die Kommunikation verbessern will, muß daher die Ursachen der Fehler oder der Fehlerhaftigkeit der Produkte kennen, um die Ursachen bekämpfen zu können, damit sie keine Fehler mehr bewirken.

Analysiert man die Fehler in Kommunikationsprozessen, so zeigt sich immer wieder das gleiche Grundmuster:

mißverstandene Information als Ursache $\Rightarrow$ Prozeß $\Rightarrow$ fehlerhaftes Produkt als Wirkung und Ergebnis

Aus dem Grundmuster ergibt sich für die Praxis:

Im Betriebsalltag bemerkt man zunächst nur, daß „wieder einmal etwas schiefgegangen ist", denn es liegt ein fehlerhaftes Produkt oder Arbeitsergebnis vor. Dies ist bei näherer Betrachtung die Wirkung mangelhafter Kommunikation.

Und als Ursachen dafür sind entweder vom Empfänger oder vom Sender mißverstandene Informationen auszumachen, d.h. die unter Punkt 5.1 aufgeführten fünf Störungsarten.

Sind die Ursachen gefunden, sind ihnen die unter Punkt 5.3 genannten Vorbeugungsmaßnahmen gegenüberzustellen, die zweckmäßigsten auszuwählen und zu realisieren, um die Kommunikation zu verbessern.

7. Verfahren zur Verbesserung der Kommunikation

Mit den im Abschnitt 4 genannten drei Schritten lassen sich Verfahren entwickeln, mit deren Hilfe Verbesserungen der Internen und Externen Kommunikation erreicht werden können.

Basis aller Verfahren sollten alle Daten des Fehlermeldesystems sein, mit dem alle Fehler und alle Störungen, Fehlerursachen und Fehlerfolgen zu erfassen sind. Wobei die Fehler an Produkten und Störungen in Verfahren und Abläufen eindeutig definiert sein sollten. Diese Forderung gilt auch für z.B. Nacharbeiten und Reklamationen. Ein Verfahren zur Verbesserung der Kommunikation sollte damit beginnen, die im Fehler-Melde-System erfaßten Fehler, die mit Kommunikation in Beziehung stehen, nach ihren Kommunikationsfehler-Ursachen auszuwerten und zu ordnen, um ihnen zweckmäßig erscheinende Vorbeugungsmaßnahmen gegenüberzustellen.

Diese Maßnahmen sind dann als Verfahren im Detail zu planen und zu verwirklichen.

9.6 Qualitätsplanung mit Lasten- und Pflichtenheften

1. Zweck und Geltungsbereich

Qualitätsplanung ist für jedes Unternehmen, das neue Produkte oder ihre Änderung plant, von übergroßer Bedeutung für seine Zukunftssicherung. Denn: Aus jahrelangen Erfahrungen ist bekannt, dass etwa 70% der Produktfehler und etwa ebenso viele Herstellkosten in den Planungsphasen „entwickelt und konstruiert" werden.

Deswegen ist es so wichtig, diese Fehler und ihre Kosten durch geeignete Methoden und Werkzeuge zu vermeiden.

Vorstand und Führungskräfte, die sich mit Akquisition, Verkauf, Entwicklung und Konstruktion befassen, sind infolgedessen verpflichtet, die

Vorgaben zur Qualitätsplanung, wie sie nachfolgend beschrieben werden, strikt zu beachten und einzuhalten, um künftig nur technisch und wirtschaftlich machbare Aufträge zu planen.

2. Werkzeuge der Qualitätsplanung

Unter Qualitätsplanung versteht man nicht etwa die Planung der Qualität, sondern international festgelegt:

* Die Planung der Qualitätsforderung an ein Produkt. Oder genauer:
* Die Planung der Gesamtheit der betrachteten Einzelforderungen an die Beschaffenheit eines Produkts in der betrachteten Konkretisierungsstufe der Einzelforderungen.

Die Planung der Qualitätsforderung mit ihren Einzelforderungen erfolgt üblicherweise in mehreren Konkretisierungsstufen, in der ersten Stufe im Lastenheft, in den weiteren Stufen in ständig offiziell fortgeschriebenen Ausgaben des Pflichtenhefts, das in der letzten Stufe vor der Realisierung durch die Konstruktionsabteilung auch als Realisierungsspezifikation bezeichnet wird.

Lasten- und Pflichtenheft sind damit Planungsmittel zur Sammlung und Beschreibung der Einzelforderungen an die Beschaffenheit eines materiellen oder immateriellen Produktes in betrachteten Konkretisierungsstufen.

Darüber hinaus werden die Einzelforderungen bei ihrer Konkretisierung im Pflichtenheft hinsichtlich ihrer Realisierbarkeit und Zweckmäßigkeit geprüft.

3. Qualitätsplanung mit dem Lastenheft

Erste Konkretisierungsstufe ist das Lastenheft, in dem Zweck und Funktion des Produkts, seine mehr oder weniger anspruchsvolle Ausführung (ob z.B. „Ein- oder Drei-Sterne-Ausführung" gewollt ist) und Vorstellungen des Kunden über angestrebte Realisierungsmöglichkeiten festgeschrieben werden. Das heißt, im Lastenheft wird festgeschrieben, **was** für eine Aufgabe vorliegt und **wofür** sie zu lösen ist.

Das Lastenheft sollte als Checkliste vorbereitet sein. Wobei diese Checkliste nach Einzelthemen oder nach Fragenkomplexen modular strukturiert sein sollte.

Das Lastenheft ist anläßlich der Kundengespräche vom Akquisiteur oder Projektleiter anzufertigen, in dem dieser alle Einzelforderungen des Kunden gemäß der Struktur des Formblattes abfragt und auch Wünsche, Vorlieben und Ängste dort dokumentiert.

Es darf aber bei diesem Gespräch nicht darum gehen, dem Kunden in Frageform alles Wünschenswerte, sondern nur in ähnlicher Form schon Realisiertes anzubieten.

Das Lastenheft ist als Formblatt auch bei der Auswertung von Ausschreibungen zu verwenden, um alle in der Ausschreibung enthaltenen Einzelforderungen zu erfassen.

Das vom Akquisiteur oder Projektleiter vervollständigte Lastenheft ist von der Entwicklungsabteilung nach Prüfung auf Vollständigkeit, Eindeutigkeit und Machbarkeit zum Zeichen des Einverständnisses als Entwicklungsgrundlage freizugeben, es sei denn, es sind noch offene Fragen zu klären.

Beim Ausfüllen der Lasten- und Pflichtenheftformblätter ist entsprechend dem Forderungsinhalt auf drei verschiedene Forderungsarten (FA) zu achten:

Festforderungen (FF)

Das sind Forderungen, die fest umrissen sind und die ohne Einschränkungen eingehalten werden müssen (z.B. Betriebsspannung 230 Volt).

Begrenzte Forderungen (BF)

Das sind nach einer Seite offene Forderungen (z.B. Mindestleistung des Motors).

Zielforderungen (ZF)

Das sind schwer beschreibbare Forderungen, für die meist nur das Ziel angegeben werden kann. Der Grad der Annäherung an dieses Ziel ist jedoch nicht genau festlegbar (z.B. leichte Bedienbarkeit).

Bei der Komplettierung des Lastenhefts und des Pflichtenhefts ist deshalb am rechten Rand des Formblatts zu jeder Forderung die Forderungsart durch das entsprechende Kurzzeichen FF, BF, oder ZF zu vermerken.

Sind die Forderungen quantifizierbar, z.b. „Heizleistung 3 KW", dann sollten diese Daten direkt als Technische Spezifikation festgelegt werden. Nur bei qualitativ beschreibbaren Forderungen, z.B. „glatt, ebene Fläche", sind notfalls Sollmuster und Grenzmuster zu bestimmen und mit Bezeichnung und Nummerierung festzulegen.

4.　Qualitätsplanung mit dem Pflichtenheft

Die Forderungen des Kunden sind im Lastenheft mit möglichst allen Einzelheiten und der Forderungsart festgeschrieben.

Aus diesen im Lastenheftformblatt erfassten Forderungen werden im Pflichtenheftformblatt dezidierte Forderungen für die Entwicklung abgeleitet. Das heißt, im Pflichtenheft wird festgeschrieben, **wie** und **womit** die Forderungen zu realisieren sind.

Wegen der hohen Wahrscheinlichkeit als Einzelner Fehler zu machen oder z.B. Forderungen zu übersehen, sollte das Pflichtenheft vom Entwicklungs-Team erstellt werden.

Das produktspezifische Pflichtenheft enthält somit die eigentlichen vom Entwickler zu realisierenden Forderungen.

5.　Qualitätsplanung in der Praxis

Die Planung der Einzelforderungen ist in der Praxis von den Konkretisierungsstufen abhängig. Das soll an drei Fällen verdeutlicht werden. In jedem Fall ist ein Lastenheft mit allen bekannten Einzelforderungen zu erstellen.

Im ersten Fall existiert nur eine Produktidee. Hier wird das Lastenheft nur wenige, ganz allgemeine und vielleicht prinzipielle Forderungen enthalten, die die Entwickler in mehreren Pflichtenheft-Versionen immer weiter konkretisieren, bis sie in der Lage sind, den ersten Entwurf zu erstellen.

Im zweiten Fall wird das Lastenheft so detaillierte Einzelforderungen enthalten, dass diese mit schon bekannten Komponenten (Modulen) erfüllt werden könnten. Ob dies allerdings so realisierbar ist, muss vom Entwickler bei der Konkretisierung der Einzelforderungen im Pflichtenheft für jede Einzelforderung geprüft werden.

Im dritten Fall decken sich die Einzelforderungen mit denen eines früher erstellten Lastenhefts. Diese Übereinstimmung muss jedoch vom Entwickler geprüft und bestätigt werden. Damit kann auf die Erstellung eines Pflichtenhefts verzichtet werden.

Bei Nichtübereinstimmung muß wie im Fall zwei verfahren werden.

Im zweiten und dritten Fall muß es so möglich sein, auf Basis des Pflichtenhefts das Angebot zu kalkulieren.

Verzeichnis weiterführender Literatur zum Qualitätsmanagement

Geiger, W: Qualitätslehre. Einführung, Systematik, Terminologie. Friedrich Vieweg und Sohn Verlagsgesellschaft, Braunschweig; 3. Auflage 1998.

Masing, W. (Herausgeber): Handbuch Qualitätsmanagement. Carl Hanser Verlag, München Wien; 4. Auflage 1999.

Pfeifer, T.: Qualitätsmanagement: Strategien, Methoden, Techniken. Carl Hanser Verlag, München Wien; 2. vollständig überarbeitete Auflage.

Grams, Timm (hrsg. O. Mildenberger): Grundlagen des Qualitäts- und Risikomanagements. Friedrich Vieweg und Sohn Verlagsgesellschaft, Braunschweig; 1. Auflage 2001.

Hering, E.; Triemel, J.; Blank, H.-P.: Qualitätsmanagement für Ingenieure. Springer, 4. Auflage.

Franke, H.-J. und Pfeifer, T. (Herausgeber): Qualitätsinformationssysteme; Aufbau- und Einsatz im betrieblichen Umfeld. Carl Hanser Verlag, München Wien; 1993.

Brunner, F.J; Wagner, K.W.: Taschenbuch Qualitäts-Management: Der praxisorientierte Leitfaden für Ingenieure und Techniker. Carl Hanser Verlag, München Wien; 2. Auflage.

Liuß, G. Qualitätsmanagement für Ingenieure mit Handbuch „Qualitätsmanagement". Fachbuchverlag Leipzig, 2002.

Kamiske, G.F; Brauer, J.-P.: Qualitätsmanagement von A bis Z. Erläuterungen moderner Begriffe des Qualitätsmanagements. Carl Hanser Verlag, München Wien; 2. überarbeitete und erweiterte Auflage 1995.

Allgemein empfehlenswert: DGQ-Schriftenreihe, insbesondere DGQ-Schrift 10-04, Qualitätsmanagement, Allgemeine Informationen.

Für den Einstieg in das Qualitätsmanagement DGQ-Schrift, 11-04, Begriffe zum Qualitätsmanagement. Beuth Verlag, Berlin. Bisher letzte Auflage: 7. Auflage 2003.

Stichwortverzeichnis

Dipl.-Ing., Betriebswirt VWA Herbert Walker

Die optimierte Baustellenabwicklung

Geldwerte Praxistipps für Vorbereitung und Durchführung

2004, 142 S., mit Formularen u. Checklisten, € 29,00, CHF 50,70
(Reihe Technik)
ISBN 3-8169-2379-8

Das Buch gibt wertvolle Anregungen für die Vorbereitung und Durchführung von Bauprojekten, die mit eigenen Mitarbeitern erstellt werden.
Es beginnt mit Hinweisen auf die bereits in der Kalkulation und in den Auftragsverhandlungen zu treffenden Vorbereitungen für die erfolgreiche Abwicklung. – Neben der Arbeitsvorbereitung kommt dem Einkauf unter den richtigen logistischen Rahmenbedingungen eine besondere Bedeutung zu. – Erhält man Pläne rechtzeitig (und das ist möglich), ist das ein weiterer wichtiger Meilenstein. – Doch entscheidend sind Zielvereinbarungen mit allen am Projekt beteiligten Mitarbeitern; denn wenn Ziele vereinbart und akzeptiert werden, steigt die Wahrscheinlichkeit, zumindest das Ziel zu erreichen. – Auch die betriebswirtschaftlichen Belange und das Controlling werden ausführlich behandelt. – Der richtige Umgang mit dem Kunden und seinem Planer entscheidet nicht nur über die Durchsetzung von Nachträgen, sondern auch über eine reibungslose Abnahme und die vollständige, schnelle Bezahlung. – Im Anhang werden Checklisten und Formulare vorgestellt, die entsprechend angepasst werden können.

Inhalt:
Aufgaben in der Kalkulation und Auftragsbeschaffung – Grundlagen der Arbeitsvorbereitung – Einkauf und Logistik – Abwicklung auf der Baustelle – Zielvorgaben für die Baustelle – Nachtragsmanagement – Betriebswirtschaftliches Handeln – Projektauswertung – Anhang: Formulare und Checklisten

Die Interessenten:
Das Buch wendet sich an alle Führungs- und Fachkräfte der Bauindustrie und des Baugewerbes aus den Bereichen Geschäftsleitung, Technische Leitung, Oberbauleitung, Bauleitung, Arbeitsvorbereitung und Kalkulation.

Der Autor
ist Diplomingenieur und Betriebswirt (VWA). Er arbeitete zwölf Jahre in mittelständischen Bauunternehmen und ist jetzt als selbstständiger Unternehmensberater tätig. Er wirkte in zahlreichen Entwicklungsprojekten mit und ist durch mehrere Veröffentlichungen hervorgetreten.

Fordern Sie unsere Fachverzeichnisse an!
Tel. 07159/9265-0, FAX 07159/9265-20
e-mail: expert @ expertverlag.de
Internet: www.expertverlag.de

expert verlag GmbH · Postfach 2020 · D-71268 Renningen

Dipl.-Ing. u. MBB Axel K. Bergbauer,
mit Beiträgen von Dipl.-Ing. u. MBB Bernhard Kleemann
und Dr.-Ing. u. MBB Dieter Raake

Six Sigma in der Praxis

Das Programm für nachhaltige Prozessverbesserungen und Ertragssteigerungen

2004, 239 S., 44,00 EURO, 76,00 SFR
(Kontakt & Studium, 654),
ISBN 3-8169-2265-1

Six Sigma ist eine Methode zur Optimierung von Prozessketten – mit dem anspruchsvollen Ziel, die Anzahl der Fehler auf 3,5 pro einer Million Vorgänge zu drücken. Sie ist gekennzeichnet durch die Kombination eines sehr systematischen, phasenweisen Vorgehens mit der Erledigung der Arbeit in Teams, in denen Methoden- und Prozesskenner zusammengebracht werden.
Immer mehr Großfirmen verlangen von ihren Lieferanten die Anwendung von Six Sigma.
Der Themenband stellt die Methode praxisorientiert dar und bietet damit Anhaltspunkte für eine systematische, faktenbasierte und überschaubare Vorgehensweise bei der Aufdeckung Fehlerursachen und von Ursachen-Wirkungs-Zusammenhängen – zur Reduzierung der Fehlleistungskosten – zur nachhaltigen Eliminierung von Fehlerquellen – und damit zur Verbesserung der Kundenorientierung und Kunden-Lieferanten-Beziehungen.

Inhalt:
Was ist Six Sigma, und was unterscheidet Six Sigma von anderen Methoden? – Der Nutzen von Six Sigma – Die Systematik und Durchgängigkeit des Verfahrens – Die fünf Schritte und Werkzeuge des DMAIC-Zyklus – Die Rollen der Beteiligten und des Managements – Die praktische Anwendung der Werkzeuge

Die Interessenten:
Alle die mehr über Six Sigma wissen wollen:
Unternehmer, Geschäftsführer, Controller aus Industrie, Gewerbe, Handel und Dienstleistung – Leiter aller Unternehmenseinheiten, wie z.B. Planung, Einkauf, Entwicklung, Konstruktion, Fertigung, Prüfung, Verkauf, Personal, Buchhaltung, Service – Strategieplaner, Prozessverantwortliche – Qualitätsleiter, -beauftragte – Einkäufer, Lieferantenbetreuer – Studenten

Fordern Sie unsere Fachverzeichnisse an!
Tel. 07159/9265-0, FAX 07159/9265-20
e-mail: expert @ expertverlag.de
Internet: www.expertverlag.de

expert verlag GmbH · Postfach 2020 · D-71268 Renningen